Энн Рун

ИДЕИ ДЛЯ ЖИЗНИ

МАТЕМАТИКА ЗА 15 МИНУТ

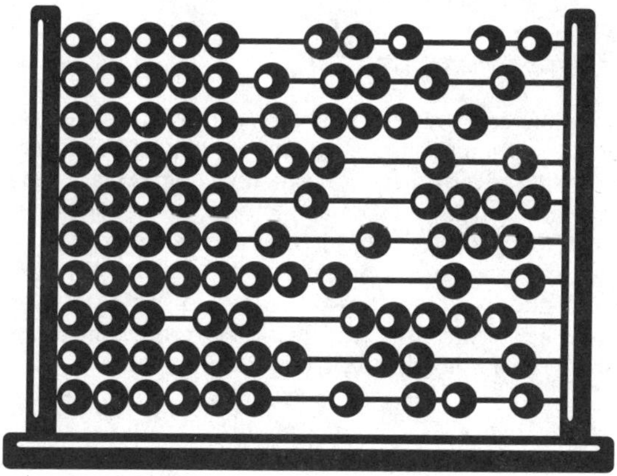

КУЧКОВО ПОЛЕ

Москва
2016

УДК 51
ББК 22.1
Р82

Руни, Э.

Р82 Математика за 15 минут / Пер. с англ. А. А. Мирясовой. — М.: Кучково поле, 2016. — 304 с.: ил. — (Идеи для жизни)

ISBN 978-5-9950-0728-9

«Математика за 15 минут» позволяет доступным образом понять математику как часть нашей повседневной жизни. Каждая глава отвечает на важный вопрос и разъясняет, как числа используются для передачи информации. Математика составляет основу всей науки, и именно благодаря ей человечество за века достигло такого огромного прогресса. Это мировое достижение и международный язык. Числа могут использоваться для просвещения, объяснения и уточнения – а еще для обмана, введения в заблуждение и сбивания с толку. «Математика за 15 минут» поможет нам понять, какую огромную роль играют цифры.

УДК 51
ББК 22.1

ISBN 978-5-9950-0728-9

ОГЛАВЛЕНИЕ

Введение

Что же такое математика?

Математика окружает нас повсюду. Это язык, который позволяет нам работать с числами, формами, процессами и законами, которые управляют Вселенной. Она позволяет нам понимать окружающий мир, а также моделировать и предсказывать события. Древнейшие человеческие сообщества познакомились с математикой, когда начали наблюдать за движением Солнца, Луны и планет, строить здания, считать стада и вести торговлю. В Китае, Месопотамии, Древнем Египте, Древней Греции и Индии — везде математическая мысль расцветала, по мере того как люди открывали красивые и удивительные модели, создаваемые посредством чисел.

Математика — это проект мирового масштаба и международный язык. Сегодня она лежит в основе всех сфер жизни. Торговля и коммерция построены на числах. Компьютеры, которые интегрированы во всех сферах общества, работают на числах. Большая часть информации, которую нам предоставляют для текущих потребностей, имеет математический характер. Без базового понимания чисел и математики невозможно сообщить время, составить расписание и даже приготовить по рецепту. Но это не все. Если вам не понятна математическая информация, вас могут обмануть и ввести в заблуждение, или же вы просто упустите что-то важное. Математику можно использовать как для благородных, так и для бесчестных целей. С помощью чисел можно просвещать, объяснять и способствовать пониманию, но также и лгать, запутывать и напускать туману. И неплохо было бы разбираться, что конкретно происходит.

ЧИСТАЯ И ПРИКЛАДНАЯ МАТЕМАТИКА

Большая часть математики в этой книге относится к «прикладной» сфере — это математика, приспособленная решать реальные задачи, приложимая к практическим ситуациям в мире, таким как степень заинтересованности в ссуде, измерение времени или длины веревки. Существует другая область математики, которая увлекает многих профессиональных математиков, и это — «чистая математика». Она, не считаясь с тем, будет ли она иметь практическое приложение, стремится исследовать, куда нас может завести логика, и понять математику ради самой себя.

Ленивый метод

Компьютеры значительно упростили математику, сделав возможными некоторые вычисления, не доступные ранее. С примерами этого вы познакомитесь на страницах этой книги. Так, для числа «пи» (обозначаемого символом π и описывающего математическое отношение длины окружности к ее радиусу) сейчас вычислено уже несколько миллионов десятичных знаков при помощи компьютера. Из простых чисел (которые делятся без остатка только на себя и единицу) составлены миллионные перечни, опять же благодаря компьютеру. Но в некоторых случаях компьютеры делают математику менее строгой.

Теперь, благодаря возможности исследовать миллионы типичных случаев и обработать очень большой объем данных, из эмпирических данных (которые даны нам непосредственно в опыте) может быть

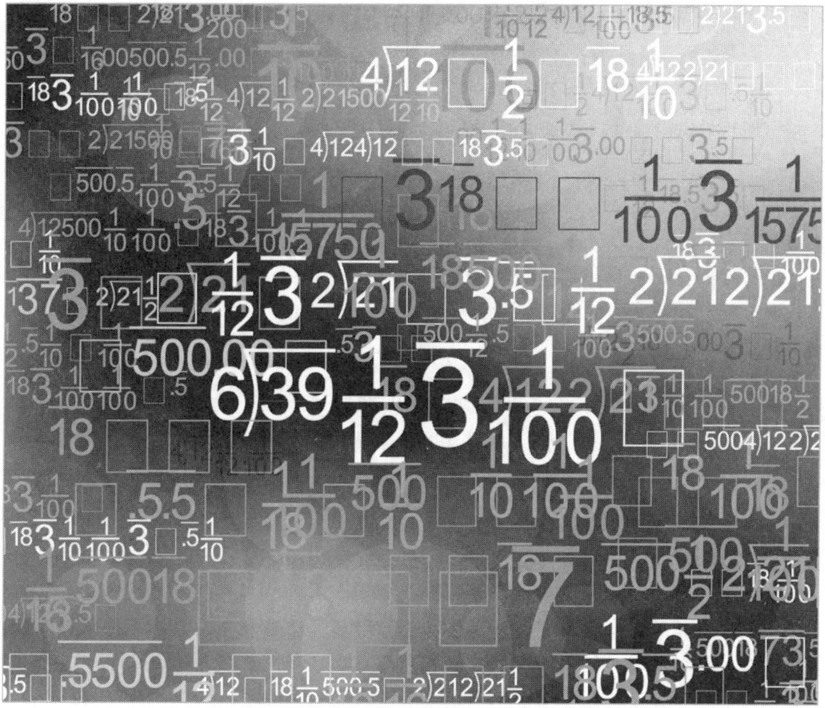

извлечена более надежная информация, чем это было возможно в прошлом. Это означает, что теперь большая часть наших выводов основывается скорее на обзоре материала, чем на работе с ним. Например, мы можем рассмотреть множество данных о погоде, а затем сделать предсказания, основанные на прошлом. Мы делаем это, не имея ни малейшего понятия о метеорологии, достаточно предположить, что наблюдаемое в прошлом случится с некоторой степенью вероятности и в будущем, какие бы силы за этим не стояли. И это неплохо работает, но это не настоящая наука или математика.

Сначала смотреть или сначала думать?

Существует два фундаментально различных способа работы с данными и знанием, и, соответственно, два подхода к математическим идеям. Один начинается с размышлений и логики, а другой начинается с наблюдений.

> **Сначала думать:** Дедукция — это процесс размышления посредством логики с использованием конкретных утверждений с целью сделать выводы об отдельных случаях. Например, начнем с утверждения, что у всех детей есть (или когда-то были) родители, и тот факт, что Софи — ребенок, приводит нас к заключению, что у Софи точно есть (или когда-то были) родители. В случае, если два первоначальных утверждения истинны, а логика не нарушена, вывод будет верен.

> **Сначала смотреть:** Индукция — это процесс получения общей информации из конкретных случаев. Если мы рассмотрим множество лебедей и обнаружим, что все они белые, мы можем сделать из этого вывод (как когда-то и произошло), что все лебеди должны быть белыми. Но этот вывод не надежен: это значит лишь то, что мы еще не видели лебедя другого цвета (*см. с. 121*).

Быть правым и ошибаться

Математики не всегда правы, начинают ли они с индуктивных или же дедуктивных методов. Однако в целом, дедукция более надежна и бережно хранится чистой математикой, чье происхождение возводится к древнегреческому математику Евклиду (*см. с. 70*).

Откуда берутся заблуждения

Наши предки полагали, что Солнце вращается вокруг Земли, а не наоборот. Но каков бы был наблюдаемый нами путь Солнца, если бы оно на самом деле вращалось вокруг Земли? Ответ таков: в точности таким, как мы его наблюдаем.

Модель Вселенной, созданная древнегреческим астрономом Клавдием Птолемеем (ок. 90–168), объясняла видимые движения Солнца, Луны и планет по небу. Это был индуктивный метод: Птолемей рассмотрел эмпирические свидетельства (которые наблюдал сам) и составил модель, подходящую под них.

Когда стали возможны более точные измерения движения планет, астрономы Средневековья и эпохи Возрождения разработали сложные

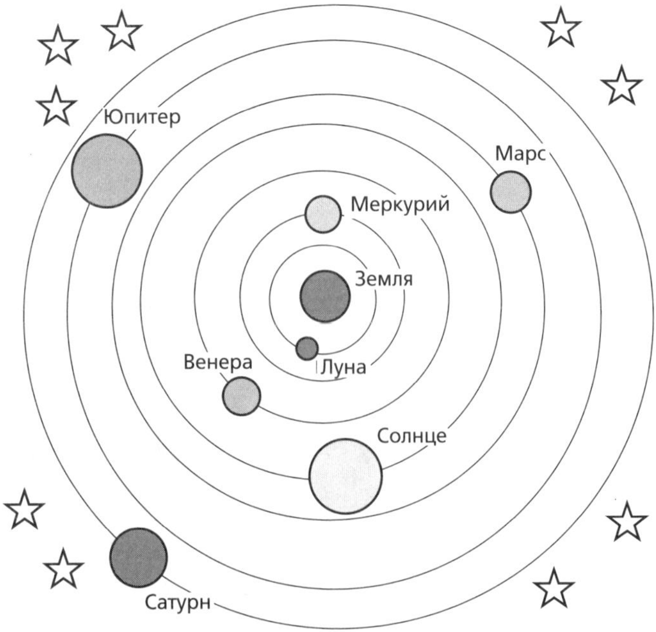

дополнения к математике птолемеевской модели Вселенной, чтобы их наблюдения в нее вписались. Вся система стала ужасно запутанной, так как она усложнялась все больше, чтобы объяснить каждое новое наблюдение.

Корректировка

И только когда модель была ниспровергнута в 1543 г. польским астрономом Николаем Коперником, который поместил Солнце в центр Солнечной системы, математика начала работать. Но даже его вычисления не были полностью верны. Позже, английский ученый Исаак Ньютон (1642–1726) доработал идеи Коперника и дал математически ясное описание движения планет, которое не нуждалось во множестве дополнений и усложнений. Его законы движения планет были подтверждены наблюдением планет, открытых после его смерти. Они позволили предсказать существование планет еще до того, как они были обнаружены визуально. Но и эта модель до сих пор

ГДЕ ПЛАНЕТА? А ВОТ И ПЛАНЕТА!

В 1845–1846 гг. математики Урбен Леверье и Джон Кауч Адамс независимо друг от друга предсказали существование и положение планеты Нептун. Они использовали математику, после того как наблюдали нарушения (отклонения) в орбите соседней планеты Уран. Нептун был открыт и идентифицирован в 1846 г.

не совершенна: мы все еще не можем полностью просчитать движение внешних планет, используя текущую математическую модель. Еще множество открытий ждут своего часа, как в окружающем мире, так и в математике.

Парадоксы Зенона

Несоответствие мира нашего опыта и мира, смоделированного математикой и логикой, была осознана уже очень давно.

Древнегреческий философ Зенон Элейский (ок. 490–430 до н. э.) использовал логику, чтобы продемонстрировать невозможность движения. Его «парадокс стрелы» утверждает, что в любой момент времени стрела находится в фиксированном положении в пространстве. Мы можем сделать миллионы снимков стрелы во всех ее положениях, с момента, как она покинула лук, до момента, как она достигла цели. И в любой бесконечно короткий промежуток времени она неподвижна. Так когда она двигается?

Другой пример — парадокс Ахиллеса и черепахи. Если быстроногий древнегреческий герой Ахиллес даст черепахе стартовать первой в гонке, он никогда не сможет догнать ее. За то время, которое потребуется Ахиллесу, чтобы преодолеть путь до первоначального положения черепахи, черепаха продвинется дальше. И это будет происходить каждый раз: черепаха будет преодолевать все более короткие расстояния, по мере того как Ахиллес будет приближаться, но Ахиллесу никогда не удастся догнать ее.

Ахиллес против черепахи

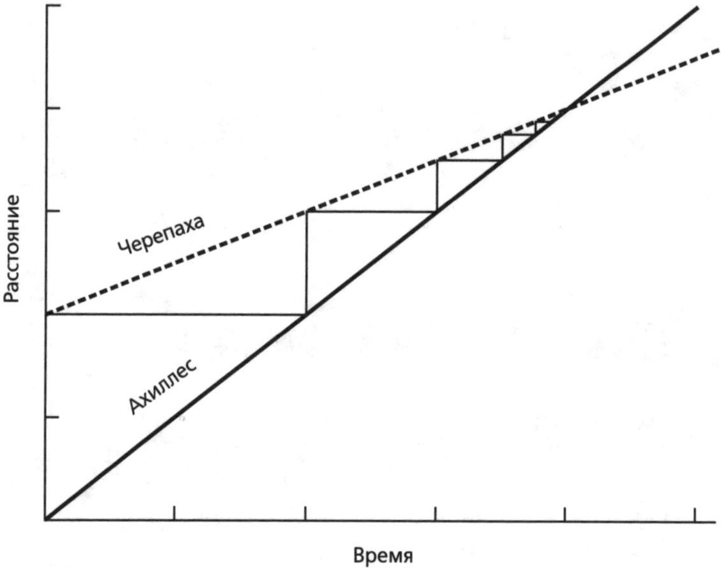

Этот парадокс работает через приведение протяженности времени и расстояния к последовательности бесконечно малых моментов или позиций. Логически согласованный, он не соответствует реальности нашего опыта.

Глава 1

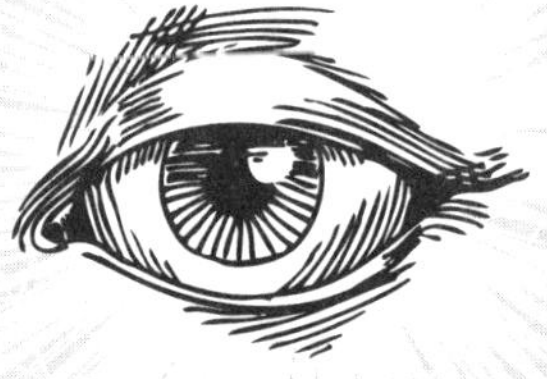

Мы не могли ее придумать, или же могли?

Находится ли математика «вовне», ожидая, когда ее откроют? Или мы ее целиком придумали?

Была ли математика открыта или изобретена, обсуждается со времен древнегреческого философа Протагора, жившего в V в. до н. э.

Две позиции; конечно, если «двойка» существует

Согласно первой позиции, все законы математики, все уравнения, которые мы используем для описания и предсказания событий, существуют независимо от человеческого интеллекта. Это означает, что треугольник — это независимая сущность, и сумма его углов на самом деле равна 180 градусам. Математика бы существовала, даже если бы человечество не использовало ее, и продолжит существовать после того, как мы исчезнем. Эти взгляды разделял итальянский математик и астроном Галилей, он полагал что математика — это «истина».

> ***«Математика — это язык, на котором Бог написал Вселенную».***
>
> Галилео Галилей

Она здесь, но мы не можем увидеть ее отчетливо

> ***«Бог создал целые числа. Все остальное — дело рук человека».***
>
> Леопольд Кронекер (1823–1891)

Древнегреческий философ и математик Платон предположил в начале IV в. до н. э., что все, что мы ощущаем посредством наших чувств — это несовершенные копии чистых идей. То есть каждая собака, каждое дерево, каждый акт милосердия — это немного искаженная или ограниченная версия их идеи, «сущностных» собаки, дерева или акта милосердия. Будучи людьми, мы неспособны видеть идеи, которые Платон называл «формами», но только их копии, с которыми мы сталкивается в повседневной «реальности». Мир вокруг нас постоянно меняется и полон изъянов, но царство форм совершенно и неизменно. Математика, согласно Платону, обитает в царстве форм.

Хотя мы не можем видеть мир форм непосредственно, мы можем приблизиться к нему посредством разума. Платон сравнивал реальность нашего опыта с тенями, отбрасываемыми на стену пещеры фигурами, проходящими перед огнем. Если вы находитесь в пещере лицом к стене (по сценарию Платона, прикованные цепями так, что невозможно обернуться), эти тени — это все, что вам известно, и поэтому вы полагаете, будто они и есть реальность. Но на самом деле, реальность — это фигуры рядом с огнем, а тени — их бледные копии.

Платон считал математику частью вечной истины. Математические законы — «вовне» и могут быть открыты посредством разума. Они управляют Вселенной, и наше понимание Вселенной зависит от их открытия.

А что, если мы ее придумали?

Другая основная позиция заключается в том, что математика — это продукт наших попыток понять и описать мир, окружающий нас. С этой точки зрения, утверждение, что сумма углов треугольника равна 180 градусам, —

лишь соглашение, вроде того, как черные туфли считаются более официальными, чем розовые. Это соглашение, потому что мы сами дали определение треугольнику, определили градус (и саму идею градуса) и, вероятно, придумали и «180» тоже.

Во всяком случае, если математика — это продукт мысли, меньше вероятность ошибки. Как мы не можем сказать, что слово «дерево» — не правильное слово для обозначения дерева, также мы не сможем утверждать, что придуманная математика ошибочна. Однако возможна плохая математика, которая просто не будет работать.

Инопланетная математика

Являемся ли мы единственными разумными существами во Вселенной? Давайте предположим, хотя бы на мгновение, что нет (*см. главу 18*).

Если математика — это результат открытий, то инопланетяне с математическими наклонностями откроют ту же математику, которую используем мы, что сделает осуществимой коммуникацию с пришельцами. Они могут представлять математику по-другому, например, использовать другое основание для системы счисления (*см. главу 4*), но их математическая система будет описывать те же законы, что и наша.

Если же мы придумали математику, нет ни одной причины полагать, что инопланетный разум посетит нас с той же математикой. Напротив, это будет довольно удивительно, если такое произойдет. Настолько же удивительно, как если бы оказалось, что они говорят по-китайски, или на аккадском, или на языке касаток. Ибо если математика — это всего лишь код, помогающий нам описывать и работать с реальностью, то она подобна языку. Ничто не делает слово «дерево» истинным

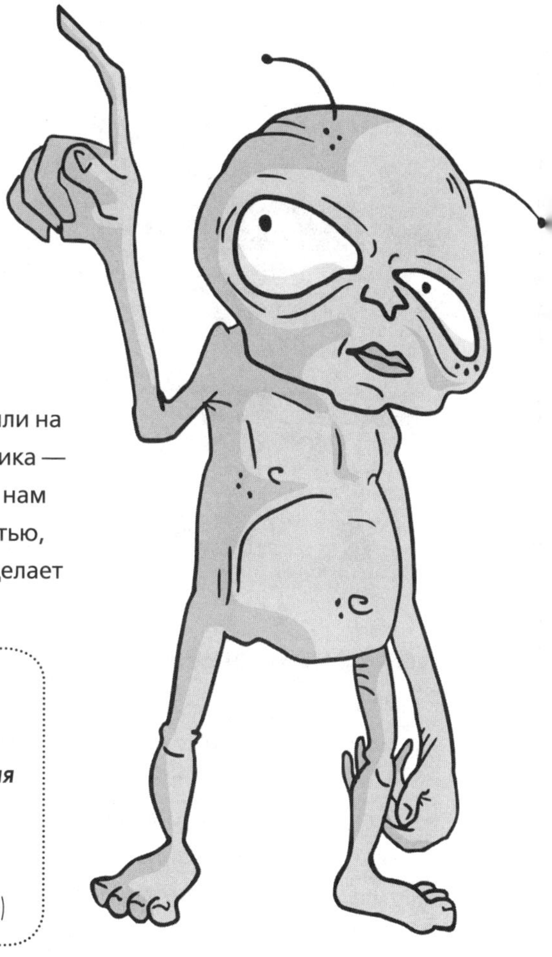

«Как же может быть так, что математика, будучи в конце концов продуктом человеческой мысли, которая не зависит от опыта, так превосходно описывает реальные объекты?»

Альберт Эйнштейн (1879–1955)

означающим для объекта, являющегося деревом. У инопланетян будет другое слово для «дерева», когда они его увидят. Если нет ничего «истинного» в эллиптической орбите планет, или в математике ракетостроения, инопланетный разум, вероятно, увидит и опишет эти явления в совсем других терминах.

Как удивительно!

Возможно, это удивительно, что математика так хорошо подходит для описания мира, а возможно, это неизбежность. Аргумент об удивительности на самом деле не говорит в пользу ни одного из взглядов. Если мы изобрели математику — мы создали что-то, что адекватно описывает окружающий мир. Если же мы открыли ее — она, очевидно, будет соответствовать окружающему миру, ибо она будет «правильной» как нечто, превосходящее нас. Математика «так превосходно описывает реальные объекты» либо потому, что истинна, либо потому, что была для этого создана.

Осторожно, сзади!

Другое объяснение того, что математика кажется удивительно походящей для отражения реального мира, заключается в том, что мы обращаем внимание только на те части, которые работают. Это все равно что рассматривать совпадения как свидетельства того, что происходит нечто сверхъестественное. Да, это действительно удивительно — наткнуться на приятеля в малоизвестной деревне в Индонезии, куда вы заехали во время отпуска, но только потому, что вы не думали о том, что вы и другие люди постоянно куда-то ездили и не сталкивались с кем-то знакомым. Мы обращаем внимание только на что-то примечательное; обыкновенные события проходят незамеченными. Таким же образом, никто не ставит в вину математике неспособность описать структуру снов. Между прочим, было бы логично рассмотреть список сфер, где математика терпит неудачу, если мы хотим оценить уровень ее успеха.

«Если мы создали теорию, ориентированную на явления, которым мы не придаем значения, и игнорирующую некоторые явления, на которых сосредоточено наше внимание, то можем ли мы быть уверены, что не сможем построить другую теорию, которая будет иметь мало общего с нынешней, но которая, тем не менее, объяснит так же много явлений, как и нынешняя теория?»

Рейнхард Вернер (р. 1954)

«Необъяснимая эффективность математики»

Если математика — продукт нашего разума, то как мы объясним тот факт, что некоторые сферы математики, развивавшиеся без связи с применением в реальном мире, описывают то, что выясняется спустя десятилетия или века после их формирования, явления реальные?

Как отметил в 1960 г. американский математик венгерского происхождения Юджин Вигнер, существует много примеров, когда математика развивалась для одной цели или же вообще без цели, а позже было обнаружено, что она описывает явления естественного мира с великой точностью. Один из примеров — теория узлов. Математическая теория узлов изучала сложные узелковые формы, в которых оба конца соединены. Она была разработана в 1770-х гг., но сейчас используется для объяснения того, как расплетаются цепочки

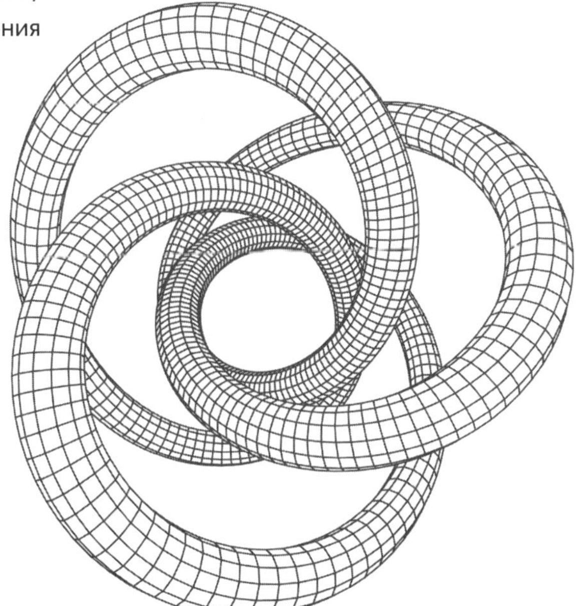

ДНК (материал наследования), чтобы создать свои копии. Существуют и контраргументы. Мы видим лишь то, на что смотрим. Мы выбираем вещи, которые хотим объяснить, и выбираем те, которые можно объяснить имеющимися в нашем распоряжении средствами. Возможно, эволюция заставляет нас думать математически, и мы ничего не можем с этим поделать.

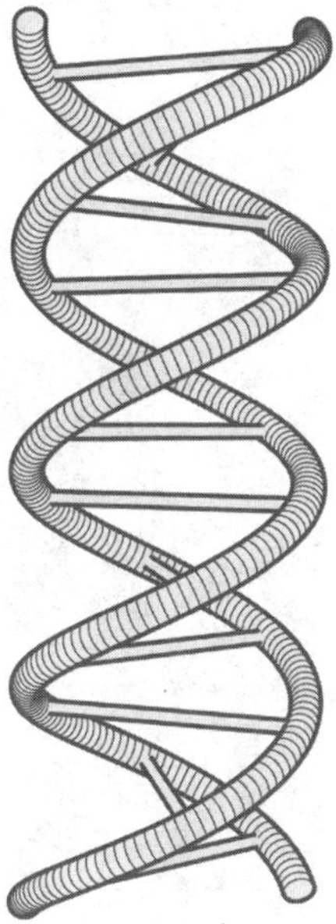

Это имеет значение?

Если вы просто подсчитываете хозяйственные расходы или проверяете счет в ресторане, не имеет особого значения, является ли математика результатом открытий или же изобретений. Мы пользуемся согласованной математической системой, и она работает. Так что мы можем, в сущности, «сохранять спокойствие и продолжать считать».

Для фундаментальной математики это вопрос скорее философского характера, чем практического интереса: имеет ли она дело с великими тайнами, которые определяют материю Вселенной?

«Тот факт, что язык математики подходит для формулирования законов физики, есть замечательный дар, который мы и не понимаем, и не заслуживаем».

Юджин Вигнер

«Реальность» математики имеет наибольшее значение в тех сферах, где люди пытаются раздвинуть границы знаний и технических достижений. Если математика придумана, возможно, мы столкнемся с пределами нашей системы и не сможем преодолеть их, чтобы ответить на некоторые вопросы. Вероятно, мы никогда не сможем путешествовать во времени, посетить окраины Вселенной или создать искусственный интеллект просто потому, что наша математика не подходит для этих задач. Мы посчитаем невозможными вещи, которые, при другой математической системе, могли бы оказаться достижимыми.

УЖАСНАЯ ВОЗМОЖНОСТЬ

Еще одна возможность, которой обычно не уделяют особого внимания, заключается в том, что математика реальна, но мы ее неправильно поняли, как Птолемей со своей моделью солнечной системы. Что, если математика, которую мы развиваем, подобна геоцентрической системе Птолемея? Сможем ли мы ее отвергнуть и начать сначала? Трудно представить, как это возможно теперь, когда мы столько в нее вложили.

С другой стороны, если математика — продукт открытий, в перспективе мы можем открыть ее всю и достигнуть граней возможного, того, что позволяют физические законы Вселенной. В таком случае было бы здорово, если математика — это продукт открытий. Но мы не можем быть уверены.

Глава 2

Почему у нас есть числа, в конце концов?

Способность понимать числа зародилась на заре развития человеческого общества.

Мы настолько привыкли к числам, что редко подвергаем их переосмыслению. Дети учатся считать в очень раннем возрасте, числа и цвета — это первые абстрактные идеи, с которыми они сталкиваются.

Посчитай-ка!

Вначале общение человечества с привычными нам числами имело форму примитивного счета. Наши далекие предки вели счет своим стадам, делая зарубку на палке, камне или кости за каждое животное, или перекладывая гальку или ракушки из одной кучи в другую.

Такой счет не нуждается в числах. Это простая система соответствия, использующая один объект или знак, чтобы представлять другой объект или явление. Если у вас есть ракушки, каждая из которых обозначает овцу, и вы бросаете ракушку в горшок за каждую овцу, заходящую в стойло, легко обнаружить пропажу, если под конец не все ракушки оказались в горшке. Вам не нужно знать, 58 у вас овец или 79, вы просто ищете пропавших овец и бросаете ракушку, когда находите, по одной за каждую, до тех пор, пока не кончатся ракушки.

Мы по-прежнему пользуемся такой системой, когда ведем счет в играх, если хотим сохранить счет времени после кораблекрушения и в других обстоятельствах, где числа понадобятся только в конце процесса.

1:0 в пользу чисел

Примитивный счет использовался в различных культурах каменного века по меньшей мере 40 000 лет. А затем в какой-то момент стало удобней иметь числа с названиями.

Нам не известно, когда именно это произошло, но не сложно заметить, что раз уж люди стали держать животных, стало удобнее иметь возможность сказать «не хватает трех овец», чем «не хватает сколько-то овец». Если у вас трое детей и вы хотите, чтобы у каждого было копье, проще знать, что вам придется сделать три копья, и для начала найти три прочные палки, чем сделать одно копье, отдать его первому ребенку, понять, что остались еще дети без копий, сделать еще одно, и так далее. Ну а когда люди стали заниматься торговлей, числа, должно быть, стали просто необходимостью.

Древнейшие знаки, изображающие числа, были обнаружены на Ближнем Востоке в предгорьях Загроса на территории современного Ирана

и относятся к 10 000 г. до н. э. Сохранились глиняные фишки, использовавшиеся для подсчета овец. Символом одной овцы был шарик глины со знаком +, нацарапанном на нем. Очевидно, что лучше быть обладателем нескольких овец, но необходимость в 100 шариках для 100 овец довольна обременительна. Были придуманы фишки с другими символами, чтобы обозначать 10 и 100 овец, что дало возможность посчитать любое число овец гораздо меньшим количеством шариков — даже 999 овец можно было представить всего 27 фишками (9 100-значных; 9 10-значных; 9 1-значных). Шарики можно было нанизать на веревку, или, как часто делали, поместить в полые глиняные шары. Внешняя поверхность шара-«упаковки» была покрыта символами, означающими число «овец» внутри, но их можно было и разбить, чтобы проверить данные, если возникал спор. Цифры на внешней поверхности шаров — древнейшая из сохранившихся знаковых числовых систем.

Изобретение чисел

Многие ранние системы счисления развивались непосредственно из примитивного счета и, соответственно, использовали повторяющийся символ для единиц, отличный от них символ для десятков и еще один — для сотен. У некоторых был символ для 5 или других промежуточных чисел.

Система римских цифр, знакомая нам по циферблату часов, начиналась с вертикальных черт, присущих примитивным системам. Числа 1–4 вначале записывались как I, II, III, IIII. Символ X использовался для 10, а C — для 100. Промежуточные V (5), L (50) и D (500) сделали большие числа чуть короче в написании. Через некоторое время возникла договоренность помещать I перед V и X, чтобы обозначить вычитание; так, IV — это 5–1, или 4. IV короче в написании и легче в прочтении чем IIII. Та же операция могла быть проделана для десятки: так, IX — это 9, но нельзя написать IC для 99 — нужно писать XCIX (или 100–10 и 10–1).

1	2	3	4	5	6	7	8	9	10
I	II	III	IIII позже IV	V	VI	VII	VIII	VIIII later IX	X
11	**19**	**20**	**40**	**50**	**88**	**99**	**100**	**149**	**150**
XI	XIX	XX	XL	L	LXXXVIII	XCIX	C	CXLIX	CL

ЕГИПЕТСКИЕ ДРОБИ

Древние египтяне писали иероглифами (символами-рисунками). Как и римская, египетская система строилась по принципу повторения иероглифов. Также у египтян были дроби.

Чтобы изобразить дробь, египтянин рисовал графический символ «рот» над числом, которое изображалось вертикальными штрихами. Но существовала одна трудность. Этот метод позволял записывать только единичные дроби (1 в числителе). Это означает, что вы могли записать дробь 3/4 (= 1/2 1/4), но не дробь, подобную 7/10.

Исключением была дробь 2/3, обозначавшаяся иероглифом «рот» над двумя штрихами разной длины.

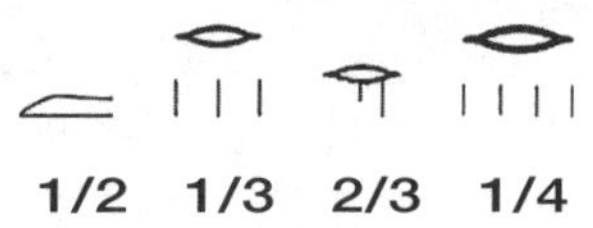

Ограниченные цифрами

Использование повторяющихся символов для обозначения единиц, десятков и сотен было обременительно в написании и усложняло арифметику. В такой системе, как римская, из-за символа, вычитающего единицу из числа, которому предшествует, сумму нельзя было вычислить даже путем простого пересчета каждого типа символов: XCIV + XXIX (94 +29) даст такой же результат, как CXVI + XXXI (116 +31), если мы просто пересчитаем все C, X, V и I. Эта система имела очевидные ограничения, в результате математика в Древнем Риме не обладала достаточной гибкостью.

СТЕПЕНИ

Число в квадрате — это число, умноженное на само себя. Например, три в квадрате — это: 3 x 3.

Также мы можем записать его как 3^2.

Это число читается как «три во второй степени» и означает, что мы умножаем две тройки друг на друга.

Число в кубе — это число, умноженное на само себя два раза; так, три в кубе — это: 3 x 3 x 3, его можно записать как 3^3, «три в третьей степени».

Надстрочное число (маленькое число в верхнем индексе) называется степенью.

Числа в квадрате или кубе имеют очевидный физический смысл, так как они связаны с двухмерными и трехмерными объектами. Более высокие степени используются в математике, но если вы не физик-теоретик, вы вряд ли размышляете о дополнительных измерениях в реальном мире.

Все дроби основывались на 12 в качестве знаменателя, не было десятичных дробей. Можете себе представить работу со сложными понятиями наподобие степеней (*см. выше*) или квадратных уравнений (*см. с. 273*) с использованием римских цифр и без числа ноль?

IV^{III} = LXIV

$XIIx^{III}$ + IVx — IX = I — I

Неудивительно, что в римской математике не было особого прогресса.

Вес разряда

> ***«От места к месту каждое — десять раз предыдущего».***
>
> Первое описание веса разряда в индо-арабском методе счета, Арьябхата, индийский математик (476–550)

Индо-арабская система счисления, которой мы пользуемся и сейчас, имеет только 9 цифр, но их можно повторно использовать до бесконечности. Она медленно развивалась в Индии начиная с III в. до н. э., потом была усовершенствована арабскими математиками, прежде чем была принята в Европе. В этот системе статус числа определяется его позицией, она называется «разряд». Вес разряда увеличивается, продвигаясь налево. Это гораздо более гибкая система, чем римская.

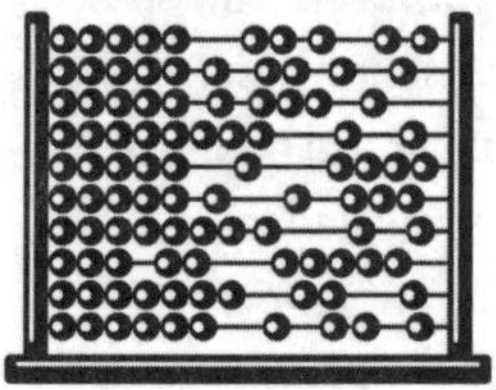

Тысячи	Сотни	Десятки	Единицы
5	6	9	1

Мы можем записать такое число, как 5691, соединив:

5000 (5 x 1000)

600 (6 x 100)

90 (9 x 10)

1 (1 x 1)

Используя вес разряда, можно представить любое большое число небольшим количеством цифр. Сравните запись чисел в римской и арабской системах счисления:

88 = LXXXVIII
797 = DCCXCVII
3839 = MMMDCCCXXXIX

Ничто — рождение нуля

Вес разряда — это очень хорошо, пока на каждой позиции есть цифра. А если там пропуск — ничего в колонке десятков (308, например) — как мы должны это показать? Пробел (так делали в Китае) допускает неясность в толковании, если только цифры не разделены на колонки линиями: 9 2 может означать 902, а может и 9002, а это большая разница.

Пробел означал пустую колонку и в Индии, но позже был заменен на точку или маленький кружок.

Этому знаку было дано санскритское название «сунья», означавшее пустоту. Когда арабы приняли индийские числа, около 800 г. н. э., они переняли и знак пустого места, также называя его «ничто», что на арабском звучало как «сифр». От него произошло слово «зеро», которым обозначается ноль в большинстве европейских языков.

Индо-арабские цифры впервые появились в Европе около X в., но прошло несколько столетий, прежде чем они были повсеместно приняты. Итальянский математик Леонардо Боначчи, больше известный как «Фибоначчи», призывал к их использованию уже в 1200-х гг., но купцы продолжали использовать римские цифры вплоть до XVI в.

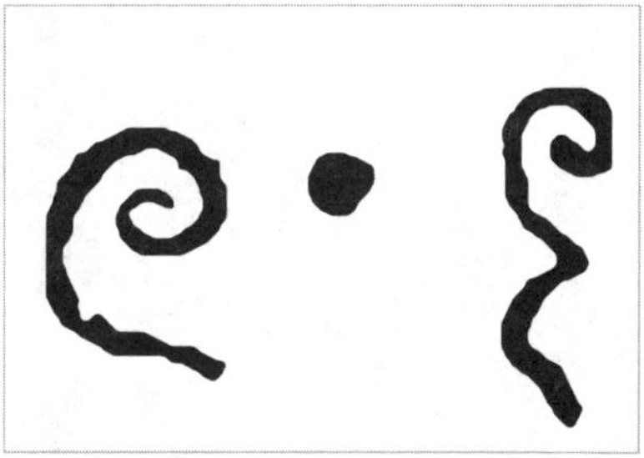

Самое раннее сохранившееся использование символа для нуля в десятичных числах в камбоджийской надписи на камне, датируемой 683 г. Большая точка стоит в качестве нуля между знаками, означающими 6 и 5, образуя число 605.

«Девять индийских цифр — 9 8 7 6 5 4 3 2 1. Этими девятью цифрами и знаком 0... может быть записано любое число».

Фибоначчи, Книга абака (1202)

Глава 3

Как далеко мы можем зайти?

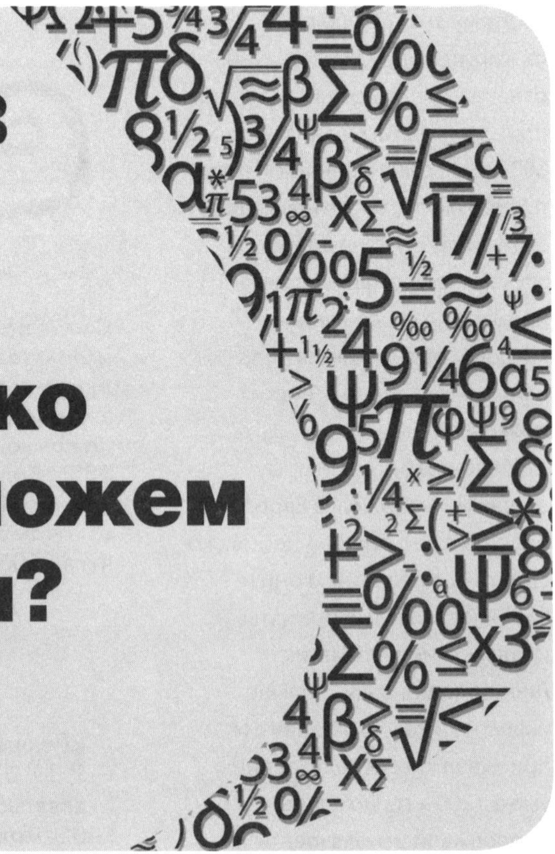

Не все системы счисления могут расширяться до бесконечности.

Наша система счисления безгранична — ее можно расширить до любого числа, которое вы пожелаете представить, просто записывая все больше и больше цифр. Но так было не всегда.

Недостаточно цифр?

Простейшие системы счисления назывались двоичными. Они не дают возможности производить вычисления, но позволяют считать небольшие количества. В двоичной системе есть слова для 1, 2 и, иногда, «много» (означая большое число, которое нельзя подсчитать). Двоичная система, которая использовалась бушменами в Южной Африке, строилась на сериях двоек и единиц. Ее полезность ограничена тем, сколько двоек люди способны держать в поле зрения.

1	**xa**
2	**t'oa**
3	**'quo**
4	**t'oa-t'oa**
5	**t'oa-t'oa-ta**
6	**t'oa-t'oa-t'oa**

В супьире, одном из языков на Мали, есть слова для чисел 1, 5, 10, 20, 80 и 400. Остальные числа выстраиваются из них. Например, 600 — это kàmpwòò ná kwuu shuuní ná bééshùùnnì, что означает **400 + (80 x 2) + (20 x 2)**.

Народ тоба в Парагвае использует систему, где есть слова для чисел от 1 до 4, для обозначения больших чисел эти слова экстравагантно комбинируются:

1	**nathedac**
2	**cacayni или nivoca**
3	**cacaynilia**
4	**nalotapegat**
5 = 2 + 3	**nivoca cacaynilia**
6 = 2 x 3	**cacayni cacaynilia**
7 = 1 + 2 + 3	**nathedac cacayni cacaynilia**
8 = 2 x 4	**nivoca nalotapegat**
9 = 2 x 4 + 1	**nivoca nalotapegat nathedac**
10 = 2 + 2 x 4	**cacayni nivoca nalotapegat**

Системы такого типа хороши для подсчета детей или каких-либо вещей, которые существуют в относительно небольшом количестве, но имеют очевидные ограничения.

Маленькая бесконечность

Обычно бесконечностью называют величину, не поддающуюся счету (*см. главы 7 и 8*). Для тоба и южно-африканских бушменов, использующих двоичную систему, бесконечностью может оказаться число меньше 100. В обществах, не имеющих абстрактной математики, нет необходимости поднимать планку до бесконечности, что намного больше, чем размер семьи или стада животных.

Меньше нуля

На заре развития повседневного счета не существовало необходимости в отрицательных числах. Древние греки относились к ним с большим подозрением: так, математик Диофант Александрийский в III в. н. э. утверждал, что уравнение типа $4x + 20 = 0$ (которое имеет решение при отрицательном значении переменной) абсурдно.

Конечно, фермер, считавший примитивным способом и обнаруживший пропажу трех овец, не стал бы говорить, что у него

–3 овцы; он бы сказал, что у него не хватает трех овец до полного стада. С развитием торговли, однако, появилась необходимость учитывать долги. Если у вас одолжили 100 монет, вы писали –100; если вам отдавали 50 из них, оставалось –50. Отрицательные числа использовались для этой цели в Индии начиная с VII в.

«Долг, изъятый из ничего, становится имуществом; имущество, изъятое из ничего, становится долгом».

Брахмагупта, индийский математик (598–670)

Первое упоминание об отрицательных числах относится даже к более раннему периоду. Китайский математик Лю Хуэй установил правила для арифметики, использующей отрицательные числа, в III в. Он использовал счетные палочки двух цветов: одни означали доходы, другие — расходы, которые он называл положительными и отрицательными. Он использовал красные счетные палочки для положительных чисел и черные — для отрицательных, что прямо противоположно современной традиции.

КЛАССИФИКАЦИЯ ЧИСЕЛ

Математики различают несколько видов чисел.

- Натуральные — это первые числа, с которыми мы знакомимся; числа, которыми мы считаем: 1, 2, 3 и т. д.
- Целые положительные, или расширенный ряд натуральных чисел — это натуральные числа с нулем в придачу: 0, 1, 2, 3 и т. д. (Это может показаться немного странным: как ноль может быть целым? Это же отсутствие числа, скорее что-то пустое, чем целое. Не думайте об этом, для этого есть математики.)
- Целые — это расширенный ряд натуральных чисел и противоположные им числа меньше нуля, отрицательные числа:… –3, –2, –1, 0, 1, 2, 3 …
- Рациональные или дробные числа — числа, которые можно записать как дробь, например 1/2, 1/3 и т. д. Они включают и целые числа, так как их можно записать дробью: 1/1, 2/1 и т. д. Они включают все дроби между целыми числами, так как их тоже можно записать дробью: 1 1/2 — то же самое, что 3/2 и т. д. Все рациональные числа можно записать как конечные или периодические десятичные дроби. Так, 1/2 — это 0,5, а 1/3 — это 0,33333…

- **Иррациональные — те числа, которые нельзя записать как конечные или периодические десятичные дроби или выразить как рациональные между двумя целыми числами. Эти десятичные дроби представляют собой бесконечную неповторяющуюся последовательность. Примерами будут число π, $\sqrt{2}$ и е (*см. с. 62*), которые можно рассчитать с помощью компьютера до триллионного знака, так и не обнаружив повторяющихся последовательностей.**
- **Вещественные или действительные числа — все вышеперечисленные.**
- **Комплексные — числа, в состав которых входит число i, определяемое как квадратный корень из –1. (Мы не будем их касаться в этой книге.)**

Подсчеты и измерения

Хотя многие вещи можно посчитать, не все из них посчитать просто, а многие не могут быть посчитаны вовсе. В природе, по всей видимости, больше вещей, которые посчитать непросто. Мы не можем посчитать людей, животных, растения, а также камни или семена. И хотя в теории мы могли бы посчитать зерна пшеницы в урожае, количество деревьев в лесу или муравьев в муравейнике, маловероятно, что мы будем это делать. Но есть вещи, которые мы измеряем. Люди начали измерять зерно, пользуясь понятиями веса или объема, давным-давно. Некоторые вещи можно измерить только так: мы измеряем объем жидкостей, вес (или массу) камней и площадь земли (*см. главу 15*).

Еще дальше от счета отстоят произвольные шкалы для измерения, например, температуры. Шкала дала еще одно применение отрицательным числам. Если шкала не начинается с чего-то вроде абсолютного нуля, отрицательные числа будут полезны. В термометре практически наверняка понадобятся отрицательные числа, если он измеряет по Цельсию или даже по Фаренгейту. Отрицательные числа нужны при работе с векторами (величина, которая включает также и направление), так как мы выражаем одно направление как положительное, а противоположное — как отрицательное. Если мы повернем циферблат на 45 градусов, это будет положительное вращение, но если затем повернем обратно на 30 градусов, это будет поворот на –30 градусов. Ионы

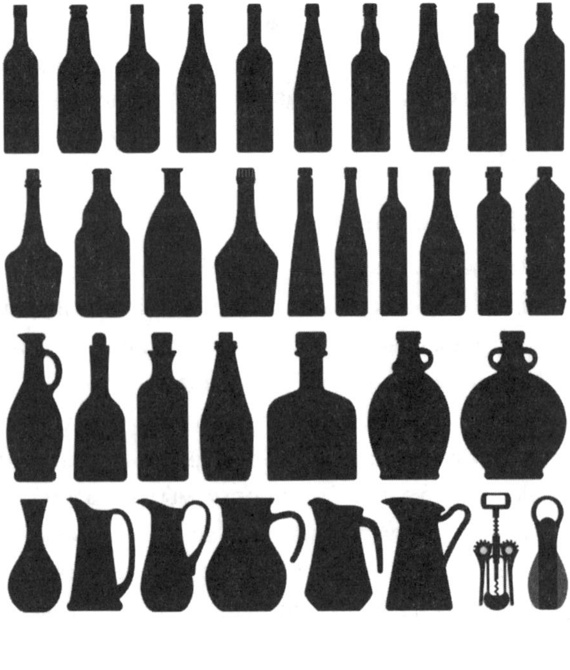

(электрически заряженные частицы) могут иметь как положительный, так и отрицательный заряд, и этот заряд указывает, как они будут взаимодействовать с другими субстанциями. Вы можете встретиться с отрицательными числами в повседневной жизни в следующих обстоятельствах:

- –1 этаж в лифте — этаж ниже уровня земли, которая принимается за 0.
- Футбольный клуб с отрицательной разницей в голах — больше голов пропущено, чем забито.
- Отрицательная высота указывает, что географическая местность находится ниже уровня моря.
- Отрицательная инфляция (дефляция) демонстрирует, что розничные цены падают.

Кто считает?

Хотя мы думаем о математике как об уникальной человеческой деятельности, вероятно, некоторые другие животные тоже способны считать. Ученые обнаружили, что некоторые виды саламандр и рыб могут проводить различия между группами разного размера, если отношение одной к другой больше двух. Пчелы могут, по всей видимости,

различать числа от 1 до 4. Лемуры и некоторые виды обезьян имеют ограниченные числовые способности, а некоторые виды птиц могут считать достаточно хорошо, чтобы знать, все ли яйца или птенцы на месте.

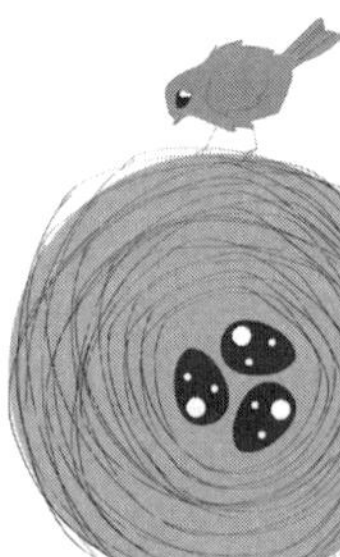

А ЧИСЛА РЕАЛЬНЫ?

Из всех претендентов на реальность в математике притязания целых положительных чисел кажутся наиболее оправданными. Даже польский математик Леопольд Кронекер признавал их.

Целые положительные числа выглядят довольно убедительно, пока вы не задумаетесь, действительно ли их можно найти в природе. Представим, что три волка бегут по лесу. Это событие физического мира, которое выглядит так, как будто бы оно работает с целыми числами. Но мы не можем провести четкую границу вокруг каждого волка. Всегда будут атомы, отлетающие от волка или подлетающие к нему; еще больше электронов поднимает статический заряд из-за трения волков друг о друга; хотя большая часть их клеток на самом деле — не части волка. Существует сущность, которая вроде бы является одним волком, но она постоянно меняется. Мы можем продвигаться ко все более мелким частицам, вплоть до субатомных, и даже там мы обнаружим своего рода облако или импульс энергии, который может иметь, а может и не иметь точного местоположения в любой момент времени. Сложно посчитать.

Являются ли целые числа стоп-кадром момента? Насколько этот момент короток? Как мы его измерим? Измерение континуума, такого как время, абсолютно произвольно. И, как демонстрируют парадоксы Зенона (*см. с. 14*), если мы разбиваем время на еще более короткие моменты, логические результаты не соответствуют реальности, которую мы имеем в опыте.

Глава 4

Десять – это сколько?

Считается, что десять на единицу больше девяти — но это необязательно так.

Наша система счисления имеет основание 10, это означает, что когда мы добираемся до 9, то опять начинаем с 0 в колонке единиц и 1 в следующей колонке — «десятков». Последующие числа используют два знака, один показывает десятки, другой — единицы. Когда мы доберемся до 99, то начнем новую колонку для сотен.

Эта не единственный возможный метод — не существует правила, что 9 должно быть самым большим знаком, который мы можем поместить в колонке. Мы можем использовать больше или меньше знаков.

Что такое основание 10?

Слова «основание 10» ничего нам не говорят; на какой бы цифре мы не прекратили считать единицы, первое число с использованием следующей колонки всегда будет «10». Раса инопланетян, пользующаяся основанием 9, также назовет свою систему десятичной и просто не будет иметь знака, например, для «9» (1, 2, 3, 4, 5, 6, 7, 8, 10). Нам просто необходимо новое название (и закорючка) для «10», которую мы используем для именования основания.

Пальцы, ноги и щупальца

Вероятно, мы разработали десятеричную систему счета из-за того, что у нас 10 пальцев, что упрощало счет десятками. Если бы вместо людей доминантным видом стали трехпалые ленивцы, они, вероятно, создали

бы троичную или шестеричную счетную систему, или даже с основанием 12, если бы использовали еще и пальцы на задних конечностях. Троичная система выглядела бы вот так:

Троичная система ленивцев #1									
0	**1**	**2**	**10**	**11**	**12**	**20**	**21**	**22**	**100**
Шестеричная система ленивцев #2									
0	**1**	**2**	**3**	**4**	**5**	**10**	**11**	**12**	**13**
Десятеричная система людей									
0	**1**	**2**	**3**	**4**	**5**	**6**	**7**	**8**	**9**

Если бы доминантным видом стали осьминоги, они бы считали в восьмеричной системе. Фактически, являясь очень умными созданиями, они могли бы считать в системе с основанием 8 лучше, чем кто-либо еще.

Восьмеричная система осьминогов									
0	**1**	**2**	**3**	**4**	**5**	**6**	**7**	**10**	**11**
Десятеричная система людей									
0	**1**	**2**	**3**	**4**	**5**	**6**	**7**	**8**	**9**

10, 20, 60...

Можно и не обращаться к животному царству, чтобы представить системы счисления с разными основаниями. Вавилоняне работали

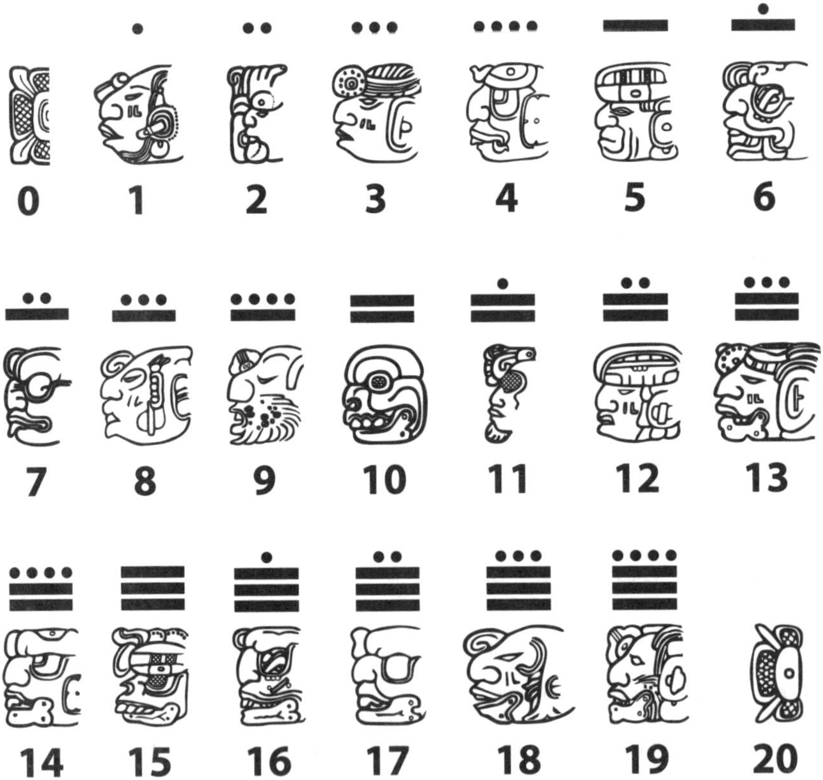

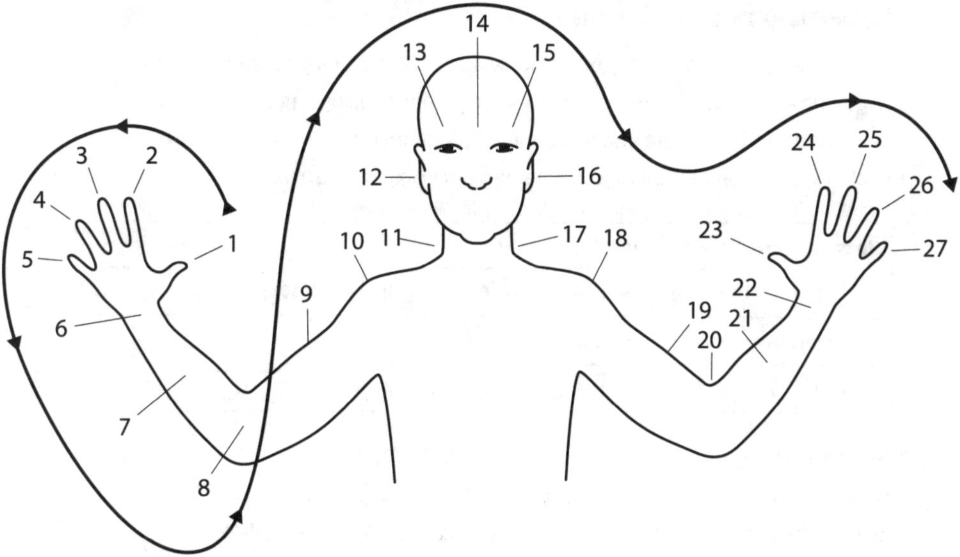

в шестидесятеричной системе (*см. главу 6*), а майя использовали систему с основанием 20. Двоичные системы используют 2 как основание (*см. с. 39*). В некоторых странах используют 12 в качестве основания для некоторых систем измерения (12 дюймов в футе, 12 пенни в старом шиллинге, 12 яиц в дюжине). Человеческое тело как основание не обязательно ведет нас к 10. В Новой Гвинее используют основание 27, восходящее к пересчету частей тела, начиная с большого пальца одной руки, вверх по руке, через лицо и вниз по другой стороне к противоположной руке.

Компьютерный счет

Мы не везде используем десятеричную систему. Для решения многих задач на компьютере используется шестнадцатеричная система. Так как у нас нет цифр для чисел больше 9, для чисел от 10 до 15 были приспособлены начальные буквы латинского алфавита.

Десятеричная система людей																
0	**1**	**2**	**3**	**4**	**5**	**6**	**7**	**8**	**9**	**10**	**11**	**12**	**13**	**14**	**15**	**16**
Шестнадцатеричная система																
0	**1**	**2**	**3**	**4**	**5**	**6**	**7**	**8**	**9**	**A**	**B**	**C**	**D**	**E**	**F**	**10**

Вы, вероятно, замечали коды наподобие #a712bb, отмечающие цвета на компьютере. Это тройка шестнадцатеричных чисел — a7, 12, bb — которые указывают интенсивность для каждого из трех основных цветов — красного, зеленого и синего — из которых на компьютере сформированы все остальные цвета. Если перевести эти числа в десятеричную систему, то это будет 23 (a7=16+7); 18 (12=16+2) и 191 (bb=(11x16)+15). В шестнадцатеричной системе большие числа (вплоть до 255=ff) можно записать всего двумя знаками. (Эти расчеты не верны! На самом деле так: a7 — это 167 (a7=10x16+7), — *Прим. ред.*)

Но, в конечном счете, все операции на компьютере сводятся к бинарной системе. Эта система использует только два знака — 0 и 1, и эта последовательность повторяется в следующем разряде каждый раз, когда мы достигаем 2.

Двоичная система компьютера									
0	1	10	11	100	101	110	111	1000	1001
Десятеричная система людей									
0	1	2	3	4	5	6	7	8	9

Бинарная система дает возможность представить все числа одним из двух состояний, которыми могут быть пары «включено/выключено» или «положительный/отрицательный». Это означает, что на магнитном диске или ленте можно записать любую информацию через присутствие или отсутствие заряда.

Послание инопланетянам

Если где-нибудь еще во Вселенной существуют разумные существа, что, в принципе, возможно (*см. главу 18*), как они будут считать? У них может быть 17 щупалец и система счисления с основанием 17. Весьма вероятно, однако, что по какой-нибудь причине они открыли и используют бинарную систему (если, конечно, числа — не исключительно человеческое изобретение). Может оказаться, что бинарная система — это способ возможной коммуникации с ними.

На пластине, установленной на корпусе космического аппарата «Пионер-10», запущенного в 1972 г., изображен рисунок молекулы водорода, состоящей из двух атомов с разным спином.

Разница между ними использована как масштаб времени и расстояния и, так как водород представлен везде во Вселенной, должен быть узнан цивилизацией, способной к космическим полетам.

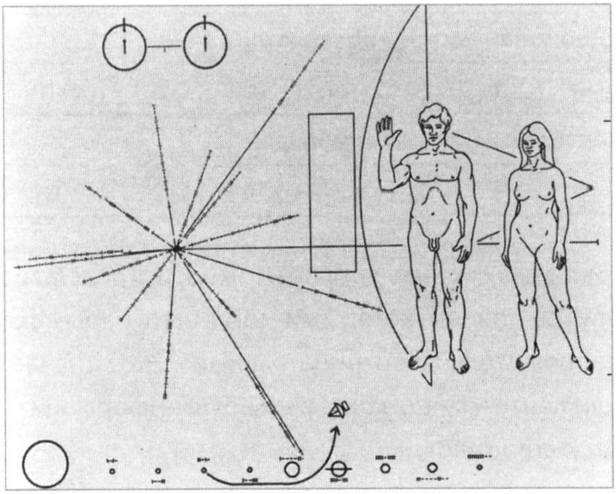

Все ваши основания...

Существует ли другой способ считать? Брать дискретные числа в качестве основания системы счисления кажется интуитивно очевидным, но возможны и другие пути. Что, если мы положим в основание число π и получим культуру, сосредоточенную на кругах? Что, если бы наша система основывалась на степенях? Это не так уж и глупо, сосредоточиться на разнице между одно-, двух- и трехмерными сущностями — линиями, площадями и объемами. Нам практически невозможно представить, как бы работала такая система, но ведь также невозможно представить, как бы выглядел мир, если бы мы различали разные части электромагнитного спектра. Например, пчелы могут видеть ультрафиолетовое излучение, а гремучие змеи — инфракрасное.

Мы не можем исключить возможность того, что другие формы жизни где-то во Вселенной могут использовать числа абсолютно по-другому, или не использовать вовсе.

Работа с основанием: логарифмы

Логарифм — это «степень, в которую надо возвести основание, чтобы получить определенное число». Звучит немного запутанно, но это несложно.
Выражение:

$$y = b^x \Leftrightarrow x = \log_b(y)$$

(не паникуйте)

означает, если воспользоваться числами для примера,

$$1000 = 10^3, \text{ следовательно, } \log_{10}(1000) = 3$$

Логарифмы — удобный способ работы с очень большими числами, так как они делают их меньше. Чтобы умножить числа, сложите их логарифмы. Чтобы разделить числа, вычтите один логарифм из другого. Затем «разлогарифмируйте» ответ.

До появления калькуляторов и компьютеров в повседневной жизни, сложные вычисления производили с помощью логарифмических таблиц.

Сложнее понять, как число может быть возведено в дробную степень, то есть в степень, не являющуюся целым положительным числом. Логарифм 2 по основанию 10, $\log_{10}(2)$ равен 0,30103; это означает, что $10^{0,30103} = 2$. Как число может быть умножено на само себя меньше, чем целое число раз? Математика — озорная наука. Вы можете нарисовать график степеней двойки, он будет выглядеть как кривая справа. (Она называется «логарифмическая кривая», многие графики имеют такую форму. Линия приближается, но никогда не достигает оси y (x=0).)

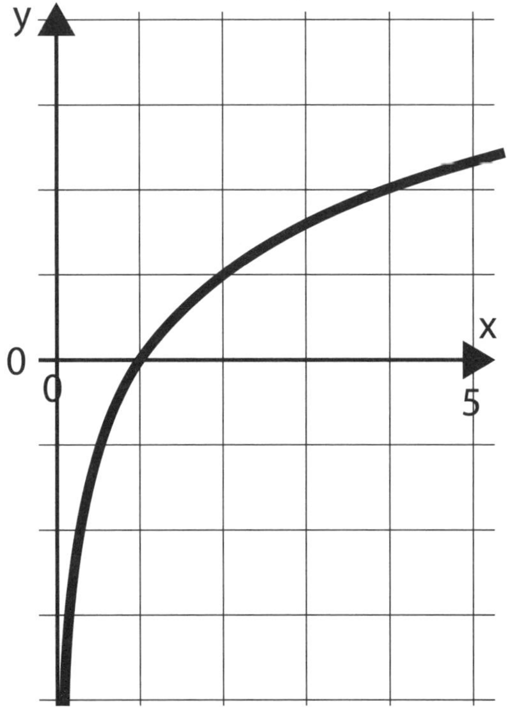

А если вы нарисовали график, вы можете найти любое значение, в том числе значение числа, возведенного в дробную степень.

Все графики логарифмов, причем основание не имеет значения, пересекают ось x в 1, так как любое число, возведенное в степень 0, равно 1:

$$\mathbf{10^0 = 1}$$

$$\mathbf{2^0 = 1}$$

$$\mathbf{15{,}67^0 = 1}$$

Очевидно также, что значения кривой стремятся к 0. Отрицательные степени дают в результате числа меньше 1, так как минус в степени означает, что мы должны поставить 1 над числом (само число окажется в знаменателе), образуя дробь:

$$\mathbf{2^{-1} = 1/2}$$
$$\mathbf{2^{-1} = 1/2^2 = 1/4}$$

И если вы вдруг решили, что логарифмы должны иметь основание 10, то вы ошибаетесь. Например, логарифм 16 по основанию 2 равен 4:

$\mathbf{16 = 2^4}$, следовательно, $\mathbf{4 = \log_2(16)}$

В науке, инженерии и даже финансовых расчетах часто используются так называемые «натуральные логарифмы». Это логарифмы по основанию e, которое является иррациональным числом (бесконечной десятичной дробью), и его начало выглядит так: 2,718281828459…

Все о числе e

Число, называемое «e», или число Эйлера, определяется математиками этим пугающим выражением:

$$e = \sum_{n=0}^{\infty} \frac{1}{n!}$$

На самом деле это на удивление просто. Все это означает:

$$e = 1 + \frac{1}{1} + \frac{1}{1 \times 2} + \frac{1}{1 \times 2 \times 3} + \frac{1}{1 \times 2 \times 3 \times 4} \ldots$$

и так далее, до бесконечности. Последовательность вычисляется так:

$$e = \frac{1}{1} + \frac{1}{2} + \frac{1}{6} + \frac{1}{24}$$

$$= 1 + 1 + 0{,}5 + 0{,}1666... + 0{,}4166...$$

$$= 2{,}70826$$

Натуральный логарифм записывается как $\log_e$ или ln. Так $\log_e(n)$ — это степень, в которую нужно возвести e, чтобы получить число n:

$$e^{1{,}6094} = 5$$

так,

$$\log_e(5) = 1{,}6094$$

Может, это и кажется бесполезным, но оно активно используется для вычисления таких вещей, как сложный процент. Формула для вычисления сложного процента для 1 доллара/фунта/евро на депозите по ставке *R* годового процента на *t* лет такова: e^{Rt}. Если вы инвестировали свои деньги на 5 лет под 4% с капитализацией, после пяти лет у вас будет $e^{0,04x5} = e^{0,2} = 1,22$. Если вы инвестировали 10 долларов/фунтов/евро, это будет:

$$10e^{0,04x5} = 10e^{0,2} = 12,21$$

(Дополнительные 0,01 — это просто следующий знак в ответе, который становится тем больше, чем большей суммой мы располагаем.)

ПОЛЬЗА ОТ E: ПРЕСТИЖНАЯ РАБОТА!

В 2007 г. Google разместил в некоторых американских городах такие постеры:

«{первые десять простых чисел в последовательности знаков e}.com»

Решение задачи и вход по веб-адресу (7427466391.com) вело к еще более сложной задаче, решение которой вело на страницу Google Labs, а посетившие ее ботаники получали предложение о работе.

Глава 5

Почему сложно отвечать на простые вопросы?

Вопросы легко задавать, но трудно отвечать, если необходимо бесспорное доказательство.

Можно ли любое четное число натурального ряда представить как сумму двух простых? Вопрос, который не похож на важную проблему повседневной жизни, выглядит обманчиво простым. Прусский математик-любитель Кристиан Гольдбах предположил, что все четные целые числа больше 2 можно представить суммой двух простых чисел. В 1742 г. он написал всемирно известному математику Леонарду Эйлеру о своем предположении. Довольно просто проверить несколько чисел и увидеть, что так оно и есть:

4 = 2 + 2

(2 — это единственное четное простое число)

6 = 3 + 3

8 = 5 + 3

10 = 5 + 5

12 = 7 + 5

и так далее, до

7614 = 7607 + 7

и далее…

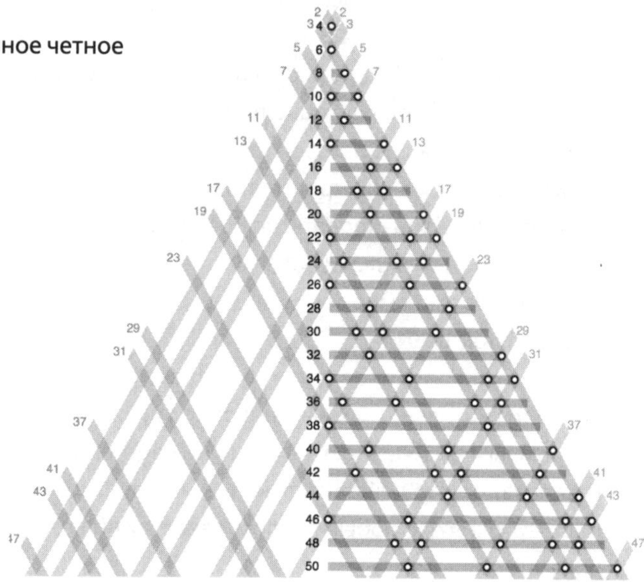

Первый и простой?

И хотя, казалось бы, что уж может быть проще единицы, число 1 не считается простым. Определение простого числа исключает ее: «любое число больше 1, которое делится без остатка только на 1 и на само себя». Для этого есть и другие причины, одна сложнее другой, так что давайте просто примем на веру, что 1 — это не простое число, потому что оно особенное.

На самом деле, Гольдбах считал единицу простым числом. У него было еще одно предположение, которое сейчас называется слабой гипотезой Гольдбаха и гласит, что любое нечетное число больше 2 можно представить как сумму трех простых чисел. Его пришлось перефразировать: любое целое нечетное число больше 5, так как мы не можем включить 1 в гипотезу и теперь ее нельзя использовать. (Слабая гипотеза была доказана перуанским математиком Харальдом Хельфроттом в 2013.)

Эйлер отнесся к предположению Гольдбаха довольно пренебрежительно. Как выяснилось, хотя Гольдбах проверил его с огромным количеством чисел, и оно работало, он не мог его доказать. В математике это действительно важно: тот факт, что гипотеза подтверждается с любым числом, какое вы ни возьмете, не является доказательством.

Гипотеза Гольдбаха остается недоказанной по сей день. Компьютеры проверили ее вплоть до 4×10^{18} (4 000 000 000 000 000 000) — но этого недостаточно.

> ***«То, что ... любое четное целое число — это сумма двух простых, я считаю абсолютно точно теоремой, хотя я не могу доказать ее».***
>
> Кристиан Гольдбах, письмо к Эйлеру (7 июня 1742)

Что, если есть значение, где-нибудь в районе $10^{2\,000\,000}$, для которого предположение на подтвердится? Было бы безрассудно представить гипотезу теоремой, тогда как она таковой не является. И хотя число $10^{2\,000\,000}$ не имеет практического применения, так как это число слишком велико для известной нам Вселенной, это имеет значение. Несмотря на то, что простая проверка никогда не является достаточным основанием для доказательства, она может опровергнуть гипотезу (*см. главу 10*). Поэтому многократные проверки — это не зря потраченные силы.

Это все гипотезы...

В математике теорема — это утверждение, которое можно доказать. Если у вас нет доказательства вашей идеи — это просто догадки, подозрения, иногда подтвержденные множеством примеров, но вы можете называть его только гипотезой. Если позже вы найдете доказательство, можно повысить ее до ранга теоремы. Если кто-нибудь другой находит доказательство, теорему называют в его честь, даже если идея родилась несколько сотен лет назад.

Ферма пошел на одну уловку со своей так называемой «последней теоремой» (*см. вставку ниже*), сказав, что у него есть доказательство, но нет места для его записи. Когда доказательство, наконец, было найдено английским математиком Эндрю Уайлсом в 1993 г., название

ПОСЛЕДНЯЯ ТЕОРЕМА ФЕРМЫ

В 1637 г. Пьер де Ферма записал свою «последнюю теорему» на полях копии «Арифметики» древнегреческого математика Диофанта. Она утверждает, что не существует трех целых чисел *a*, *b* и *c* (кроме 0), которые бы удовлетворяли уравнению $a^n + b^n = c^n$, при любом целочисленном значении n больше 2. Это означает, что хотя мы может написать, предположим, $3^2 + 4^2 = 5^2$ (9 + 16 = 25), мы не можем проделать то же самое со степенями больше 2. Ферма сделал пометку, что у него есть доказательство, но оно не уместится на полях, так что он его не записал.

теоремы сохранилось за Ферма, так как он заявлял, что у него было доказательство (в любом случае, под этим названием она прославилась на весь мир). Кто знает, было ли у него на самом деле доказательство? Возможно, он просто не хотел быть тем, кто строит гипотезы.

Можешь доказать?

На простые вопросы в математике бывает очень трудно ответить из-за трудности найти доказательство. Гольдбах говорил, что был уверен, будто его идея верна, но он не мог доказать ее. Компьютеры могли продемонстрировать ее истинность со всеми используемыми числами и большим количеством чисел за пределами используемых. Доказательство в математике — это индуктивный аргумент (противоположность дедукции). Он должен основываться на других доказательствах, которые уже установлены (теоремах), или самоочевидно истинных утверждениях, известных как аксиомы. Доказательство, в свою очередь, опирается на логику и рассуждение. Каждый шаг доказательства должен опираться на уже известное. Очень редко, если это возможно, доказательство может заключаться в проверке всех вариантов. Например, если у нас есть гипотеза, касающаяся только всех четных чисел от 2 до 400, мы можем проверить, все ли эти числа удовлетворяют заданным условиям. Если удовлетворяют, то мы доказали гипотезу и получили теорему — но это не характерный случай для математики. Мы не можем, как, например, в гипотезе Гольдбаха, проверить все четные числа, так как их бесконечно много. Вместо этого нам необходимо доказательство, в котором на месте чисел стоят переменные.

Евклид и те самые аксиомы

Мы довольно долго обходили вниманием эти «самоочевидные истины», или аксиомы. Что делает нечто самоочевидной истиной? Для вас или меня может показаться, что 1 + 1 = 2 — это самоочевидная истина, но

математик будет вынужден доказать это, прежде чем принять ее. Аксиомы более фундаментальны.

Древнегреческий математик Евклид Александрийский, живший около 300 г. до н. э., ввел пять аксиом (или «постулатов») в книге «Начала», обычно приписываемой ему. («Начала», между прочим, оказались самой долговечной книгой нерелигиозного содержания из когда-либо написанных; по ней учили геометрии более 2000 лет.)

1. От всякой точки до всякой точки можно провести прямую линию. (Это будет отрезок.)

2. Отрезок можно непрерывно продолжать по прямой — это означает, что можно делать линию длиннее без ограничений. (Видите, это действительно самоочевидные вещи!)

3. Если есть точка и отрезок, начинающийся в этой точке, можно описать круг с центром в этой точке и радиусом, равном этой прямой. (Это звучит сложнее, пока вы не визуализируете. Точка — это куда вы ставите одну из ножек циркуля. Отрезок — это расстояние, на которое вы раздвигаете ножки циркуля. Теперь вы можете прокрутить циркуль, очертив круг.)

4. Все прямые углы равны между собой. (Ну, сами видите…)

5. Если две прямые пересекаются, третьей и внутренние углы каждой из двух прямых с третьей в сумме составляют меньшие 180 градусов, то продолженные первые две прямые рано или поздно пересекутся. Это звучит ужасно сложно, но если вы посмотрите на рисунок, все станет очевидным:

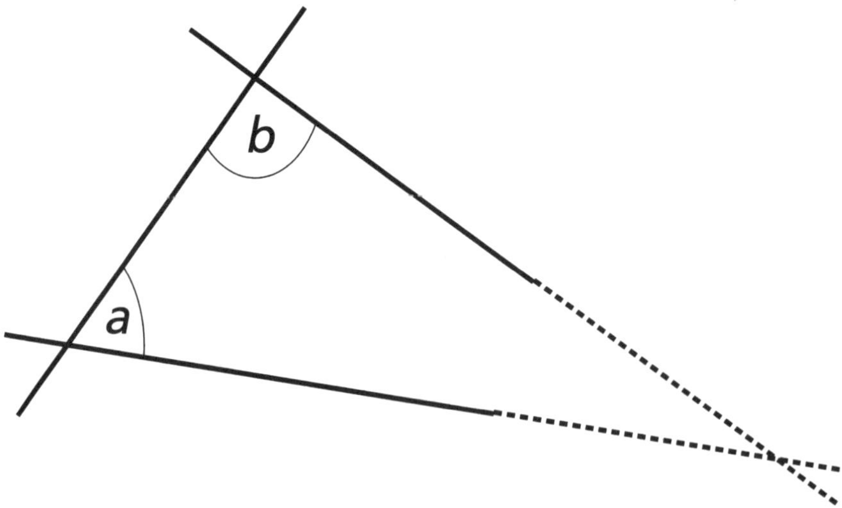

если сумма углов a и b меньше 180 градусов, тогда линии пересекутся и образуют треугольник.

Кроме того, Евклид выделил пять «общих понятий»:

- Равные одному и тому же равны между собой (что значит, если a=b и b=c, тогда a=c).
- Если к равным прибавляются равные, то и суммы их будут равны (что значит, если a = b, тогда a + c = b + c).
- Если от равных отнимаются равные, то и разности их будут равны (если a = b, тогда a — c = b — c).
- То, что друг с другом совпадает, — идентично.
- Целое больше части.

Евклид занимался главным образом геометрией, и его постулаты были привязаны к ней. Позднее математики пытались сформулировать аксиомы, которые имели бы общее значение или, наоборот, были бы узко специализированы. Чем меньше математические утверждения связаны с конкретной ситуацией, тем они полезнее в целом. Для обывателя-нематематика, однако, они кажутся тем бесполезнее, чем меньше они связаны с реальным миром.

Попробуем сами

Как работает доказательство? Давайте взглянем на хорошо знакомую теорему — теорему Пифагора. Она утверждает, что если вы возведете в квадрат длину всех сторон прямоугольного треугольника, квадраты двух коротких сторон будут давать в сумме квадрат длинной стороны. (Обычно она формулируется так: «квадрат гипотенузы прямоугольного треугольника равен сумме квадратов катетов».)

$$\mathbf{a^2 + b^2 = c^2}$$

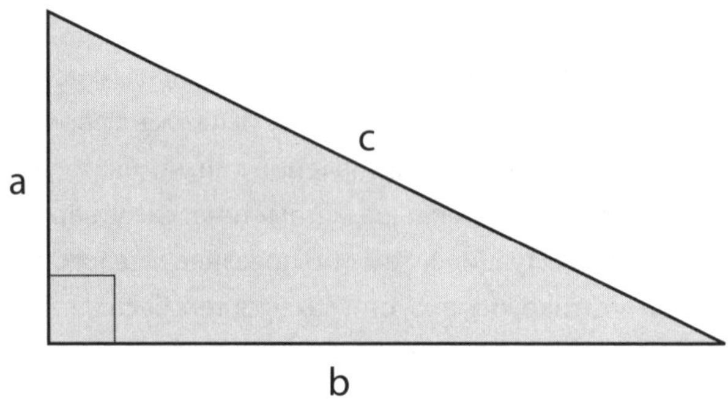

Как доказать эту теорему? На самом деле существует несколько способов, но сейчас мы рассмотрим только один.

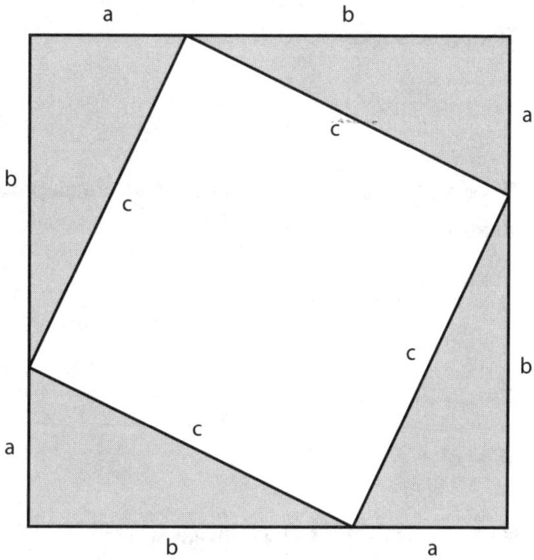

Во-первых, мы нарисуем квадрат, используя четыре треугольника, как на рисунке. Прямые углы треугольников становятся углами квадрата. Теперь у нас есть большой квадрат, в который вписан маленький. Возможно, вы уже поняли, в чем состоит доказательство, просто взглянув на иллюстрацию. Каждая сторона большого квадрата дана как a + b, таким образом, вся площадь большого квадрата:

A = (a + b)(a + b)

Площадь каждого маленького треугольника:

1/2 x ab

Площадь вписанного квадрата:

$$c^2$$

Таким образом, у нас есть два способа выражения площади большого квадрата:

$$A = (a + b)(a + b)$$

и

$$A = c^2 + 4 \times (1/2 \times ab)$$

Раскрывая скобки, мы получаем

$$A = a^2 + 2ab + b^2$$

и

$$A = c^2 + 2ab$$

Следовательно, мы можем написать:

$$A = a^2 + 2ab + b^2 = c^2 + 2ab$$

Сокращаем 2ab с каждой стороны уравнения и получаем:

$$a^2 + b^2 = c^2$$

Та-дам! (или более формально: что и требовалось доказать).

Именно потому что мы можем показать истинность утверждения, используя переменные a, b, c, на место которых можно поставить любое число, это считается доказательством и теорема Пифагора может называться теоремой. Нет нужды проверять ее со всеми мыслимыми треугольниками, так как доказательство демонстрирует, что она будет работать с любым прямоугольным треугольником, как маленьким, так и большим. Стороны треугольника могут быть по одному нанометру или по 40 миллиардов километров, она по-прежнему будет истинна.

Вот и получается, что на простые вопросы трудно отвечать, потому что интуиция, очевидность или эмпирическое свидетельство недостаточны, чтобы убедить математика.

Глава 6

Что для нас сделали вавилоняне?

Во сколько вы встали? Под каким углом располагались стрелки часов? Какой ваш знак Зодиака? Некоторые повседневные беседы гораздо древнее, чем мы привыкли думать.

Начнем с 60

Вавилонская система счисления была устроена на базе 10 и 60. Хотя на нее часто ссылаются как на шестидесятеричную, она также использовала 10 в качестве промежуточной точки (*см. главу 4*). Вавилоняне использовали только два символа для записи чисел. Они повторяли символ для единицы (1), пока их не становилось 9, затем использовали другой символ для 10. Они соединяли символы единиц и десятков, пока не добирались до 60, а затем снова использовали символ для 1, сменив

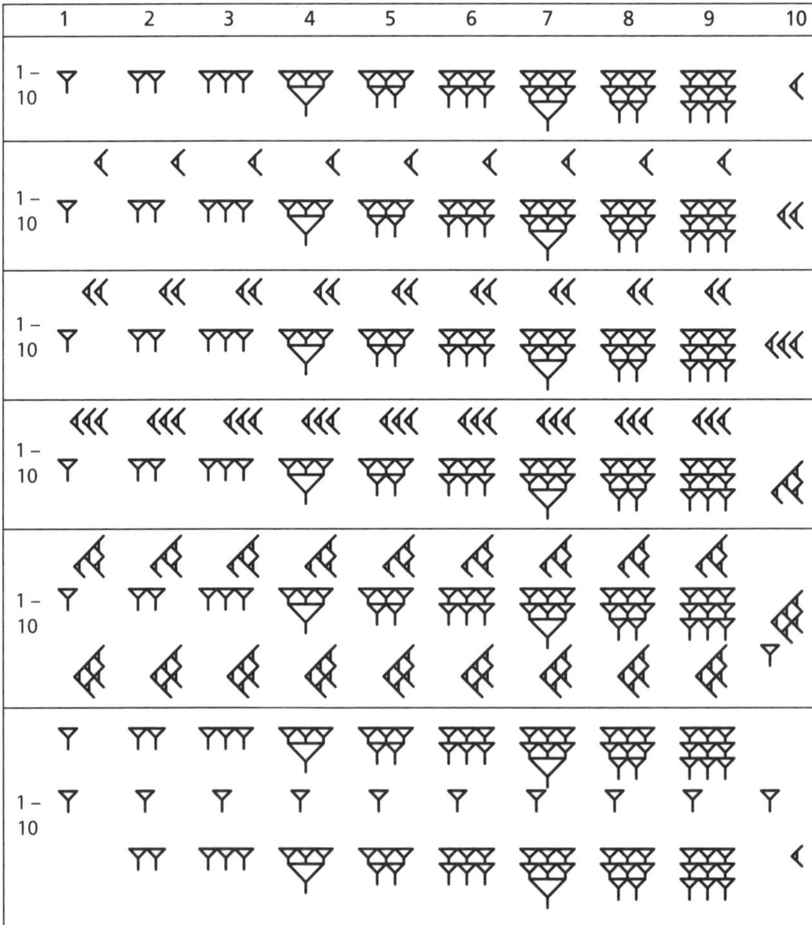
1 2 3 4 5 6 7 8 9 10
1 – 10
1 – 10
1 – 10
1 – 10
1 – 10
1 – 10

его расположение. Это означало, что, комбинируя всего два символа, они могли записать любое число, меняя их положения.

Место для «шестидесятков» использовалось, пока опять не добирались до 59 варианта, затем переходили к следующей позиции; теперь основной символ равнялся 3600.

Пробелы имели ключевое значение. Число 𒁹𒁹 — это 2 x 1 = 2, но если между ними будет промежуток, 𒁹 𒁹, эта запись будет означать (60 x 1) + (1 x 1) = 61. Был и ноль, изображаемый наклонным символом, но он мог представлять ноль только внутри числа.

𒁹 = 60 x 60 = 3600

𒁹 𒁹 = 3600 + 60 = 3660

𒁹  𒁹 = 3600 + 0 + 1 = 3601

Секунды и минуты

Деление часа на 60 минут и минуты на 60 секунд пришло из вавилонской системы счисления, хотя вавилоняне не могли так точно измерять время. В круге 360 градусов. Градусы, в свою очередь, делятся на 60 минут, а минуты на 60 секунд. Сейчас, 4000 лет спустя, будет сложно вычеркнуть 60 из нашей системы. Этот неспешный путь, в результате которого эта система прочно внедрилась в новые, вавилоняне не смогли бы вообразить в самых смелых фантазиях. Расширение видимой Вселенной измеряется в гигапарсеках (*см. с. 176*). Определение парсека основано на разделение углов на 360 градусов и подразделениях на 60 минут и 60 секунд.

Почему 60?

Шестьдесят — подходящее число для основания, так как у него много делителей (2, 3, 4, 5, 6, 10, 12, 15, 30). Важный множитель — 12 (60 = 12 x 5), и вавилоняне его тоже широко использовали. То, что начали вавилоняне (а перед ними шумеры), продолжили жители Древнего Египта. Они разбили день на 12 часов — двенадцать в дне и двенадцать в ночи. Часы имели разную протяженность в зависимости от времени года, так как время, когда было светло, разделялось на двенадцать равных частей, и время, когда было темно — на другие (часто отличные) двенадцать равных частей. Первыми, кто решил, что часы должны иметь одинаковую протяженность, были древние греки, но по-настоящему это вошло в употребление только в Средние века с изобретением механических часов. У вавилонян, проживающих рядом с экватором, протяженность часа в течение года радикально не менялась. Возможно, если бы они жили в Финляндии, они бы установили равные часы с самого начала.

Минуты и секунды были введены в 1000 г. н. э. арабским эрудитом Аль-Бируни. Секунду он определил как 1/86 400 среднего солнечного дня. В это время было невозможно точно измерять время, так что минуты и секунды были безразличны большинству людей еще много веков.

Время и пространство

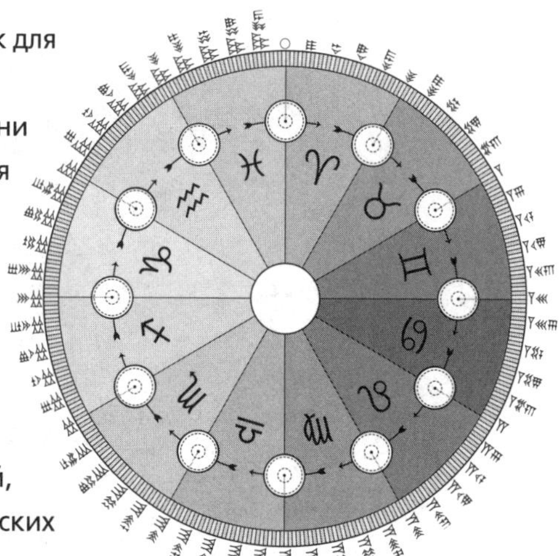

Минуты и секунды используются как для измерения углов в геометрии, так и промежутков времени. Вначале они применялись только для вычисления углов, а их связь со временем появилась из использования сферических приборов для хронометрии.

Древнегреческий астроном Эратосфен (ок. 276 — ок. 194 до н. э.) разделил сферу на 60 частей, это была ранняя версия географических широт. Горизонтальные линии проходили через хорошо известные места (хотя на значительно меньшей версии известного ныне мира). Примерно через сто лет Гиппарх добавил систему линий долготы, которые включали 360 градусов и шли с севера на юг, от полюса к полюсу. Еще через 250 лет, около 150 г. н. э., Птолемей разделил каждый из 360 градусов на более мелкие сегменты. Каждый градус был разбит на 60 частей, которые в свою очередь были снова разбиты на 60 сегментов. Термины «минута» и «секунда» произошли от латинского *partes minutae primae*, или «первая очень маленькая часть», и *partes minutae secundae*, или «вторая очень маленькая часть.

Половина и четверть часа

В XIV в. циферблат был разделен на часы, но не на минуты. Час делили на четверти и половины, что породило традицию боя часов в эти интервалы. Надежное измерение минут и их повсеместное включение на циферблат пришло в конце XVII в. с изобретением маятника в 1690 г. Поскольку циферблат был круглым, а час уже был разделен на 4 части, решение разбить его на 60 минут было абсолютно оправдано. Это означало, что каждая минута — это 6 градусов, а каждая секунда — 0,1 градуса, хотя понадобится очень большой циферблат, чтобы четко обозначить секунды.

Глава 7
Некоторые числа слишком большие?

Обычно числа полезны, но некоторые слишком велики, чтобы служить практической цели.

Будучи ребенком, вы, возможно, намеревались как-то досчитать до миллиона. Если так и было, вероятно, вы сдались задолго до того, как до него добрались.

Сколько времени это займет? Если будете называть одно число в секунду и не делать перерыва на сон, еду или отдых, это займет одиннадцать с половиной дней. Но это абсолютно невозможно. Если вы будете есть, спать и работать над этим числовым заданием чуть меньше, чем половину времени, оно будет выполнено через месяц. Если вы дошли до миллиона, возможно, вы решите попробовать дойти до миллиарда. Но это плохая идея. В том же темпе — одно число в секунду, день и ночь — это займет тридцать один год и восемь с половиной месяцев.

Обычно мы не осознаем реальную разницу между большими числами; легко забыть, насколько быстро они растут. Если думаете, что считать до миллиарда — скучный способ провести 31 год, как насчет триллиона? Это займет больше 31 700 лет. Если бы вы начали считать в конце позднего ледникового периода, вы бы не проделали и треть работы к нынешнему моменту — еще только около 300 000 000 000.

На момент написания этой главы национальный долг США был чуть больше $18 триллионов. На самом деле, это «чуть» равнялось

$171 миллиарду, не маленькая сумма сама по себе. Давайте представим долг, который начал увеличиваться около 575 800 лет назад со скоростью $1 в секунду и по нулевой ставке. Современные люди тогда еще не появились. Возможно, глиптодон взял взаймы первый доллар.

ДАТА			ДОЛГ
575 800 лет назад	Глиптодон	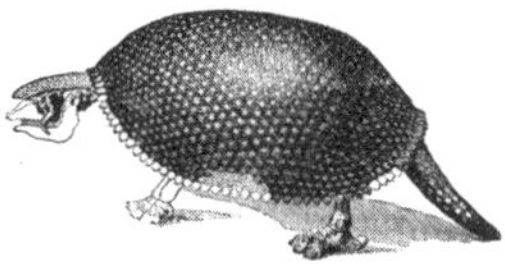	$1
200 000 лет назад	Современный человек		$11,86 триллионов
15 000 лет назад	Люди в Америке		$15 триллионов

9659 лет назад	**На материке вымирают мамонты**		**$17,87 триллионов**
4485 лет назад	**Начало строительства пирамид в Египте**		**$18,03 триллиона**
450 г. н. э.	**Близится конец Римской империи**		**$18,12 триллионов**
1620	**«Мэйфлауэр» отправился в плавание**		**$18,158 триллионов**
1776	**США получили независимость**		**$18,163 триллиона**

Это дает некоторое представление о том, насколько большое число триллион. А триллионы находятся очень низко в иерархии больших чисел.

Экономия бумаги

Запись больших чисел — даже миллиардов и триллионов, что экономисты и банкиры делают каждый день, — быстро истощит запасы бумаги или знакомест на экране. Большие числа, кроме того, не очень просто читать — вам придется посчитать количество знаков, прежде чем назвать первое число. Легко увидеть, что это 2 миллиарда:

2 000 000 000

Но можете ли вы назвать следующее число вслух, не прерываясь на подсчет знаков?

234 168 017 329 112

Научная система обозначений делает написание больших чисел проще. Вместо того, чтобы писать 1 000 000 для одного миллиона, мы пишем 106, десять в шестой степени. Это означает 10, умноженное на себя 6 раз:

10 x 10 x 10 x 10 x 10 x 10

10 x 10 = 100
100 x 10 = 1000
1000 x 10 = 10 000

10 000 x 10 = 100 000
100 000 x 10 = 1 000 000

Так, 10^6 — это 1 с шестью нулями. Миллиард — это 10^9 или 1 с девятью нулями. А триллион — это 10^{12}, что намного проще писать и читать, чем 1 000 000 000 000!

-иллионы

Триллион находится очень далеко от конца списка «-иллионов». У нас есть:

Квадриллион 10^{15}

Квинтиллион 10^{18}

Секстиллион 10^{21}

Септиллион 10^{24}

Октиллион 10^{27}

Нониллион 10^{30}

Дециллион 10^{33}

Ундециллион 10^{36}

Додециллион 10^{39}

Тредециллион 10^{42}

Кваттуордециллион 10^{45}

Квиндециллион 10^{48}

Седециллион 10^{51}

Септдециллион 10^{54}

Октодециллион 10^{57}

Новемдециллион 10^{60}

Вигинтиллион 10^{63}

Центиллион 10^{303}

Понимание названий

Может показаться странным, что центиллион имеет 303 нуля — разве их не должно быть сто? Латинское число-префикс (би-, три- и т. д.) не показывает количество нулей, оно показывает, сколько дополнительных групп по три нуля есть в числе сверх трех нулей в тысяче. Так, в миллионе (1 000 000) на одну группу из трех нулей больше, чем в тысяче. В миллиарде (1 000 000 000) на две группы нулей больше, отсюда префикс би-. (Миллиард по-английски billion — *Прим. ред.*) В триллионе три дополнительных группы нулей. А в центиллионе 100 дополнительных групп нулей, плюс первоначальные три нуля в 1000, что дает в целом 303 нуля.

Как далеко мы можем зайти?

Существует два известных числа, которые не попадают в -иллионую последовательность: гугол и гуголплекс. Гугол — это 1 со 100 нулями. По крайней мере, его можно записать:

10 000 000 000 000 000 000 000 000 000 000 000 000 000 000 000 000 000 000 000 000 000 000 000 000 000 000 000 000 000 000 000 000 000 000

Гуголплекс — это невообразимо большое число: 10 в степени гугол. Оно записывается $10^{\text{гугол}}$. Термины «гугол» и «гуголплекс» были изобретены Милтоном Сиротта, девятилетним племянником американского математика Эдварда Казнера. Первоначально он описал гуголплекс как 1 с таким количеством нулей, которое вы будете писать и писать, пока не пресытитесь этим делом.

Гуголплекс — очень большое число. Чтобы напечатать его, потребуется больше времени, чем существует Вселенная, и придется использовать больше, чем всю материю Вселенной, чтобы произвести распечатку. Если использовать типографский шрифт, кегль которого равен 10 пунктам (наиболее часто применяется для набора текста книг), распечатка будет в 5×10^{68} раз длиннее, чем диаметр известной нам Вселенной.

Для всех замыслов и целей гуголплекс, похоже, так и остался единицей с самым большим количеством нулей, которые вы сможете написать, прежде чем устанете, так как это абсолютно бесполезное число, по крайней мере в этой Вселенной.

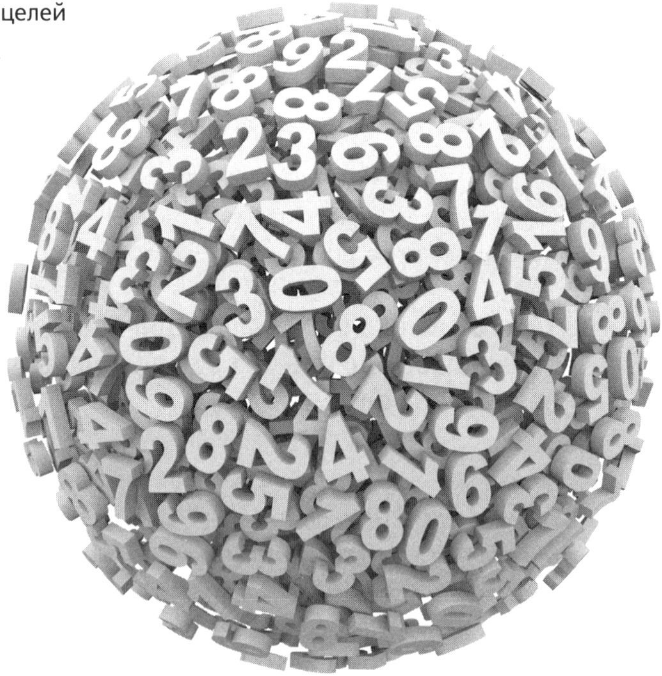

Даже гугол — это больше, чем необходимо для любой практической цели. Количество элементарных (то есть, субатомных) частиц во Вселенной оценивается в 10^{80} или 10^{81}. Раз уж даже гугол в 10 000 000 000 000 000 000 раз больше и равен количеству субатомных частиц в 10 квинтиллионах Вселенных, подобных нашей, то гуголплекс — это реально слишком много.

Как будто этого было недостаточно...

Некоторые математики положили все силы на разработку способа записи чисел, которые утомительно писать даже специальной системой обозначений. Если вы устали писать длинную-предлинную степень десятки (вот только для чего?), можете попробовать один из этих способов.

Система обозначений американского математика Дэвида Кнута использует символ ^, чтобы обозначать степени. Выражение n^m означает «возвести n в степень m». Сейчас это повсеместно используется в компьютерах (в Excel, например, =10^6 означает 106).

n^2 = n^2	**3^2 это 3^2 — 3 x 3 = 9**
n^3 = n^3	**3^3 это 3^3 = 3 x 3 x 3 = 27**
n^4 = n^4	**3^4 это 3^4 = 3 x 3 x 3 x 3 = 81**

Но Кнут ввел повторное использование символа. Его удвоение (^^) означает «возвести n в степень m следующее количество раз».

Так что:

3^3 это 3^3 = 27

3^^3 это 3^(3^3) = 3^{27} = 7 625 597 484 987 — мы уже попали в триллионы!

А утроение символа (^^^) быстро ведет к очень большим числам: **3^^^3 записывается как 3^^4** и означает

3^3^3^3 = 3^3^{27} = $3^{7\,625\,597\,484\,987}$

Число быстро превращается в сложное для чтения (а также невообразимо большое). Люди достигли больших успехов в способах записи даже еще больших чисел — чисел, которые никогда вам не понадобятся. Они даже не похожи на числа, представляя собой единственный знак, вписанный в разные формы, такие как треугольники и квадраты.

Теперь можете придумывать дальше

Вы можете продолжать придумывать все большие числа. Как насчет числа Грэма в квадрате (*см. на соседней стр.*)? Или 10 в степени, равной числу Грэма? Нет конца числам, которые мы можем называть. Значит ли это, что они существуют, хоть в каком-нибудь смысле?

САМОЕ БОЛЬШОЕ ЧИСЛО

Самое большое число, которое при этом было использовано в решении математической проблемы, называется числом Грэма. Оно настолько велико, что его невозможно записать привычным способом. Оно было предложено как верхний предел возможного решения проблемы, но математики полагают, что реальным ответом на ту проблему было «6».

Выглядит так, будто бы математика решила нам отомстить, заявив: «М-да… Ммм… Ответом будет шесть».

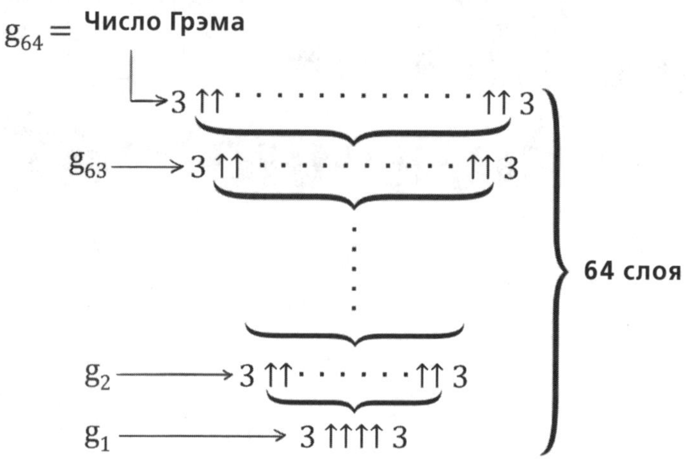

Глава 8

Какая польза от бесконечности?

Если действительно большие числа фактически бесполезны, насколько бесполезнее бесконечность?

На первый взгляд может показаться, что Вселенная либо бесконечна, либо конечна. Если она конечна, она, конечно же, не может вмещать ничего бесконечного, не так ли? Но она может. Для начала присмотримся к бесконечности чуть пристальнее.

Бесконечные числа

Большинство людей, если задать вопрос о бесконечности, представит себе нескончаемую вереницу чисел, начинающуюся с 1 или, возможно, 0, проходящую через 1 000 000, через гугол и даже гуголплекс, и уходящую еще дальше. Мы всегда можем добавить еще одну единицу, поменять 1 на 9, умножить число на само себя — этому нет конца.

И это правда. Но существует не только бесконечность чисел, растущая от 0 вверх, существует и бесконечность отрицательных чисел — чисел, растущих от нуля вниз.

Сколько бесконечностей?

> **ОТ 1000 ДО БЕСКОНЕЧНОСТИ**
>
> **До 1655 г. символ ∞ применялся как альтернатива для M, римской цифры, означавшей тысячу. Использовать его в качестве символа бесконечности предложил английский математик Джон Валлис (1616 –1703).**

На тот случай если этого недостаточно, существует также бесконечность дробей (1 над гуглом и т. д.) и бесконечность десятичных дробей (0,1; 0,11 и т. д.). Не раньше, чем доберетесь до 0,1111, где 1 повторяется до бесконечности, вы перейдете к 0,1211, где 1 снова повторяется до бесконечности, и так далее, так что существует множество бесконечностей даже между 0 и 1. Между 1 и 2 и 0 и –1 также много бесконечностей. Бесконечности бесконечны.

Насколько велика бесконечность?

Вопрос, который задают любопытные дети, — насколько велика бесконечность? Это выводит на новый уровень сложности, раз мы теперь знаем о многочисленных (бесконечных) бесконечностях. Здравый смысл рассматривает бесконечность четных чисел как половину бесконечности всех целых, то же относится и к нечетным числам. Но несмотря на это, все они продолжаются вечно. Существует бесконечность между каждой парой соседних чисел на числовой прямой и бесконечное число знаков в каждом иррациональном числе. Но действительно ли бесконечность между 1 и 2 не может быть того же размера, что и между отрицательной и положительной бесконечностью? Поразительное открытие, что существуют большие и малые бесконечности, было продемонстрировано Георгом Кантором в 1874 г., а затем снова — в 1891 г.

Бесконечность в образе

Мы склонны визуализировать бесконечность как нечто увеличивающееся в пустоте, таким образом, идея, будто бесконечность может быть заключена, например, между 0 и 1, не стандартна. Даже тогда, если вы визуализируете бесконечность между 0 и 1, скорее всего, вы по-прежнему представляете ряд чисел, уходящий вдаль. Предел не достижим.

Более очевидный образ бесконечности возникает, когда мы имеем дело с дробями.

Фрактал — это бесконечно копируемые формы, и это видимая или визуализируемая бесконечность. Классический пример фрактала — это снежинка Коха. Начните с изображения правильного треугольника (все стороны которого равны).

Разбив каждую сторону треугольника на три равные части, рисуете другой правильный треугольник на каждой стороне, используя средний отрезок как основание. Сотрите эти основания и получите звезду (гексаграмму). Проделайте то же самое с каждым меньшим треугольником. И так далее.

Каждый раз, когда вы рисуете новую серию треугольных «колючек», периметр формы возрастает на одну треть. (Подумайте об этом — вы стираете одну третью часть стороны и добавляете ту же длину дважды; одна сторона новой колючки уравнивает изменение, а другая — добавляет новый участок периметра, равный трети длины стороны.) Очевидно, что периметр будет продолжать становиться больше и больше, и хотя каждый прибавляемый участок все меньше и меньше,

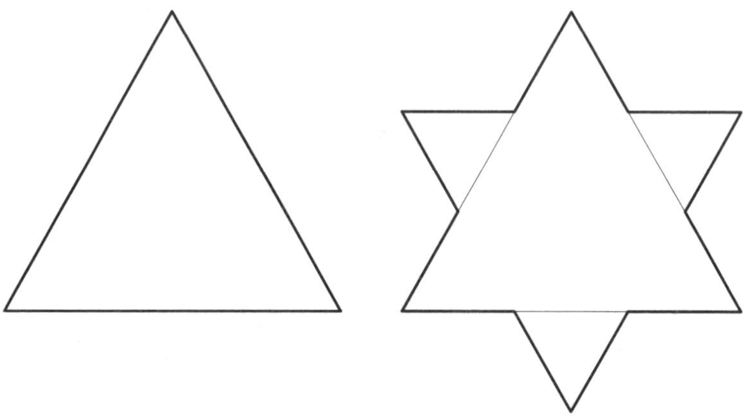

их становится все больше и больше. Если изначальная длина стороны равна s, а количество повторений — n, то весь периметр (P) можно представить выражением:

$$\mathbf{P = 3s \times (4/3)^n}$$

Поскольку n растет, периметр стремится к бесконечности (т. к. 4/3 больше, чем 1, следовательно, $(4/3)^n$ становится все больше).

Площадь, охватываемая каждым новым треугольником, увеличивает на одну девятую площадь, добавленную предыдущим новым треугольником.

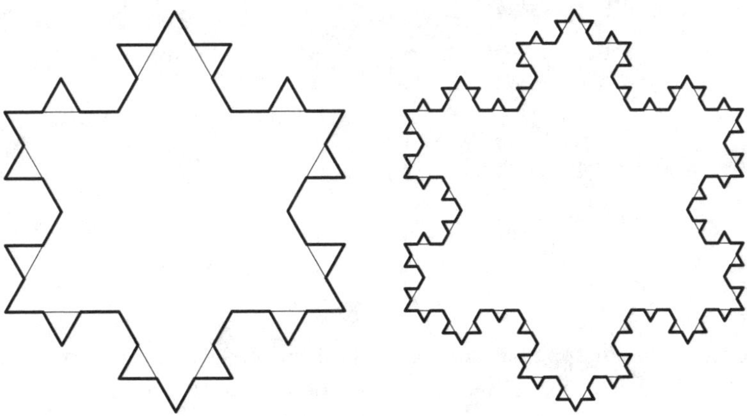

Это означает, что если площадь первого треугольника была 9 см², каждый луч звезды будет иметь площадь 9 ÷ 9 = 1 см², а новых луча 3, следовательно, площадь целой звезды 9 + 3 = 12 см². На форме первой снежинки каждый новый треугольник добавляет 1 ÷ 9 = 1/9 см², и их 12, следовательно, площадь всей снежинки будет:

12 + (12 x 1/9) = 12 + 1 3/9 = 13 1/3

НЕМНОГО ФОРМУЛ

Формула для изначального треугольника с площадью a0 (не смотрите, если не любите формулы):

$$A_n = a_0\left(1 + \frac{3}{5}\left(1 - \left(\frac{4}{9}\right)^n\right)\right)$$

$$= a_0\left(8 - 3\left(\frac{4}{9}\right)^n\right)$$

Поскольку 4/9 меньше 1, (4/9)n становится все меньше, таким образом, площадь достигает конечного предела. Фактически, она стремится к 8/5 от площади первоначального треугольника.

Существует множество других фракталов, одним из самых известных является множество Мандельброта. Эта структура получена из сложных последовательностей чисел.

Фракталы или очень сходные с ними структуры также распространены в природе. Примерами являются система кровеносных сосудов или корней дерева, разветвления альвеол в легких, дельта реки, горы и даже молния.

Предел бесконечности

Хотя такие узоры теоретически могут повторяться до бесконечности, они, конечно же, не таковы в природе. В какой-то момент мы достигаем предельного числа молекул и не сможем повторить «узор» еще раз. Теоретически, подобные структуры представляют собой последовательности, которые могли бы быть продолжены бесконечно, но — насколько нам известно — нет ничего, что на самом деле не имеет предела. Тем не менее, бесконечность и бесконечно малые величины могут быть полезны в математике, как мы увидим в 26-й главе.

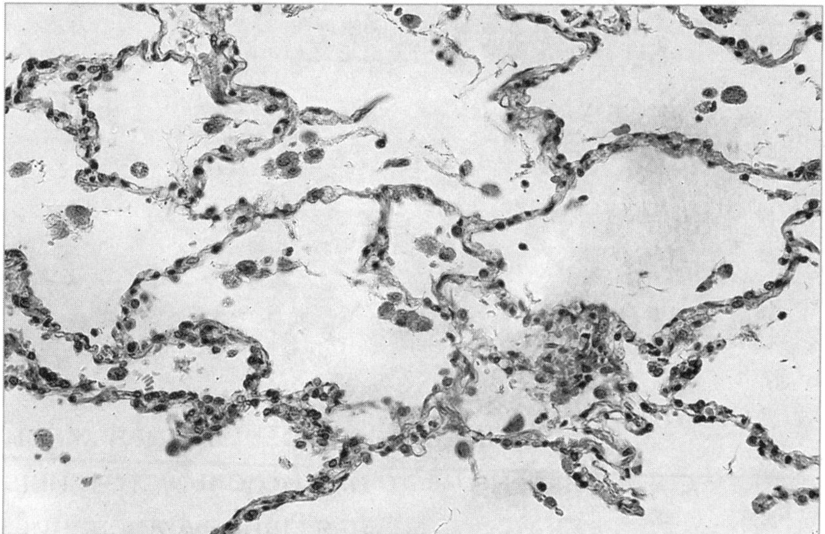

Глава 9

Статистика лжет, нагло лжет, или того хуже?

Нам бы следовало доверять надежной статистике, но часто она используется лишь для манипулирования.

Средства массовой информации пестрят статистикой, преподнесенной так, что она служит цели склонить нас к принятию определенной точки зрения. Можно избежать манипуляции, если вы понимаете не только то, что на самом деле говорит статистика, но и то, как мы реагируем на цифры. Здесь задействовано столько же психологии, сколько и математики.

Способы рассмотрения статистики

Существует множество способов сказать об одних и тех же цифрах, и мы реагируем на них неодинаково. Журналисты, рекламодатели и политики могут побуждать нас к определенным интерпретациям тем, КАК они подают цифры. Они могут использовать разные способы.

Стремись к большему!

Все эти формулировки означают одно и то же:

- **1 из 5**
- **Вероятность 0,2**
- **Вероятность 20%**
- **2 из 10**
- **5:1**
- **10 из 50**
- **20 на каждые 100**
- **200 000 на миллион**

Тем не менее, мы склонны реагировать на них по-разному. По крайней мере, 200 000 на миллион звучит значительнее, так как первое число, которое мы читаем, большое. 20 из 100 звучит значительнее, чем 2 из 10, потому что мы думаем о 2 как о маленьком числе. Это хорошо исследованное явление называется *ratio bias*, или фактор предвзятости. Он даже может привести к тому, что человек выберет вариант, имеющий меньшую вероятность на победу.

Этот эксперимент хорошо демонстрирует действие *ratio bias*. Участникам предложили две чаши со стеклянными шарами, заполненные следующим образом:

- **чаша с десятью шарами, из которых 9 белых и 1 красный**
- **чаша со 100 шарами, из которых 92 белых и 8 красных**

Задача заключалась в том, чтобы вытащить красный шар с завязанными глазами. Какую чашу им следовало выбрать, чтобы повысить шансы вытащить красный шар?

В этом тесте 53% участников выбрали чашу со 100 шарами.

Это неверный выбор: вероятность достать красный шар в первой чаше — 10% (10 из 100, или 1 из 10), а во второй чаше вероятность только 8% (8 из 100). По всей видимости, тот факт, что во второй чаше больше красных шаров, наводит на мысль, что это даст больше возможностей вытащить красный. На некоторых это действует. Они полностью игнорируют тот факт, что это означает также больше — непропорционально больше — возможностей вытащить белый шар. Шанс вытащить красный шар из чаши со 100 шарами меньше, чем шанс вытащить красный шар из другой чаши. Похоже на то, что половина участников теста не понимала, как увеличить свои шансы на успех.

Больше числа — сильнее впечатление

Люди считают большие числа более значимыми, чем малые. Группу, опрошенную на предмет серьезности рака как фактора риска для здоровья, разделили на две части. Те, кому сказали, что 36 500 человек ежегодно умирают от рака, посчитали риск более значимым, чем те, кому сказали, что от рака умирает 100 человек в день. В другом исследовании, участники были больше встревожены, когда им сказали, что 1286 из 10 000 умрут от рака, чем когда было сказано, что рак убьет 24 из 100 человек, хотя второй риск почти в два раза превышает первый (24% против 12,9%).

Это означает, что люди могут сделать опасный выбор. Если их спросят, будут ли они принимать лекарство с известным риском смертности, ответ будет зависеть от того, как подать цифры. Если количество смертей предыдущих пациентов будет показано, как доля от 100 пациентов, человек допустит гораздо больший риск, чем если ему представят количество мертвых на 1000. Потенциальные пациенты примут риск смертности до 37,1% в первом случае, и только до 17,6% — во втором. Большие числа (176 против 37) сделают их слепыми к меньшему *уровню риска*.

Не смотрите вниз!

При необходимости выбрать большее из дробных чисел, люди склонны сравнивать *числители* (числа вверху дроби) и игнорировать *знаменатели* (числа внизу). Именно поэтому люди предпочли вероятность 8/100 вероятности 1/10, когда доставали шары. Пренебрежение целостностью числа в таком случае называется «пренебрежение знаменателем».

Если в вас есть коммерческая жилка, можете использовать это в свою пользу. Представьте, что вы организуете праздник, чтобы собрать деньги на благотворительность, и хотите склонить людей заплатить за шанс победить в игре. Можно использовать пренебрежение знаменателем или фактор предвзятости, чтобы стимулировать людей играть в игры, в которых низкий шанс на победу, но все выглядит так, как будто шанс высок.

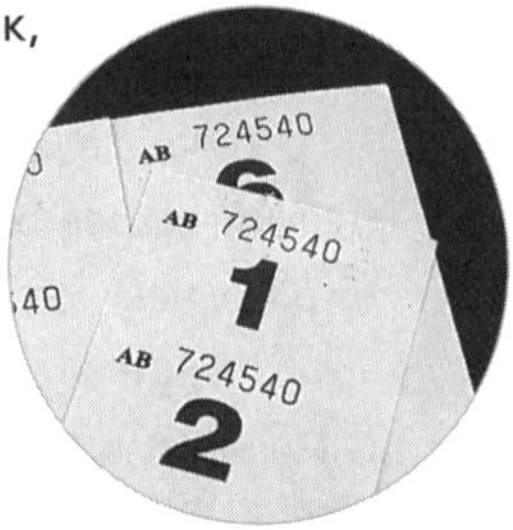

Вместо того чтобы сказать: «1 из 10 выиграет приз», скажите: «8 из 100 выиграют приз!», и вы привлечете больше участников. («!» в конце предложения — не математический символ, но он помогает, т. к. сигнализирует читателю, что тот должен удивиться или впечатлиться.)

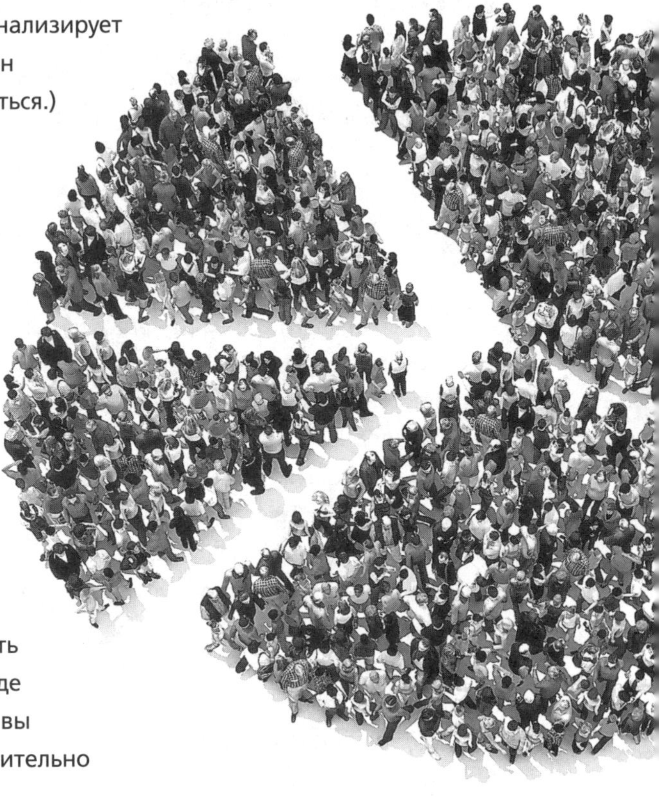

Чего они не договаривают?

Политики, рекламодатели и журналисты используют еще один способ манипулирования нашим восприятием цифр — они очень аккуратны в выборе формулировок. Попробуйте перевернуть каждое предложение, где используются цифры, и вы увидите, что оно действительно значит:

- **30% населения живут хуже при этом правительстве = 70% при этом правительстве поддерживают как минимум тот же уровень жизни, что и при прежнем.**

- **1 из 4 ноутбуков ломается в течение 2 лет = 3 из 4 ноутбуков по-прежнему работают после 2 лет.**

- **30 из 50 местных жителей доживают до 70 лет = 40% местных жителей умирают, не достигнув 70 лет.**

Выбирая, на какой части математического утверждения сконцентрироваться, податель информации может склонить нас к позитивной или негативной оценке. Можно усилить этот эффект, выбрав метод подачи, затрудняющий дополнительную обработку информации. Если бы последний пример — 30 из 50 местных жителей доживают до 70 лет — звучал как «60% местных жителей доживают до 70», мы бы сразу могли увидеть, что остается 40%, которые умирают до этого возраста. Первоначальная же подача вынуждает нас обратиться к математике (50 – 30, затем перевести 20 в проценты), чтобы увидеть реальное состояние дел. Как правило, мы ленимся, когда сталкиваемся со сложными числами, и принимаем вещи такими, как они кажутся. Если нам нужно делать вычисления, даже простые, мы стараемся избежать этого.

Ищите контекст

Еще одна уловка — предоставить статистический показатель сам по себе. Цифры вне контекста довольно бессмысленны. Если вы читаете, что 20 учеников исключили из школы из-за злоупотребления наркотиками, это звучит довольно плохо. Но намного хуже, если в школе 800 учеников, чем если их 2000. Если 20 учеников из 2000 злоупотребляли наркотиками, это значит, что 99% учеников не злоупотребляли наркотиками. Для заголовка уже не годится.

«Вероятность один на миллион, что...» — общепринятый способ средств массовой информации заявить, что нечто очень маловероятно. Строго говоря, эта маловероятность относится к конкретным ситуациям, но существует много примеров, когда это не маловероятно. Если шанс рождения африканского слона альбиносом один на миллион, маловероятно, что, посетив Африку, вы увидите хотя бы одного. Если шанс рождения муравья альбиносом один на миллион, будет удивительно, если мы не увидим хотя бы одного, если перевернем несколько муравейников.

Яблоки и апельсины

Сложно сравнивать статистику, если цифры представлены по-разному. Средства массовой информации часто проделывают это — возможно, чтобы запутать нас, а возможно, просто потому, что журналисты думают, будто это выглядит немного разнообразнее. Сравнение информации из разных источников часто вызывает эту проблему, но это небрежность — журналист должен сделать ее сопоставимой.

Например, сложно понять новостной репортаж, где говорится, что 2 из 10 человек делают достаточно упражнений, чтобы сократить риск сердечных заболеваний на 30%, а треть населения делает достаточно, чтобы сократить риск на 15%. Он заставляет нас думать о цифрах тремя различными способами: 2 из 10, треть и проценты. Данные будут значительно понятнее, если все цифры перевести в проценты: 20% населения делают достаточно упражнений, чтобы сократить риск на 30%, а еще 33% сокращают риск на 15%. Это также позволяет легко увидеть, что 47% не упражняются в достаточной мере:

100 – (20 + 33) = 100 – 53 = 47

СРАВНЕНИЕ И КОНТРАСТ

Представьте, что вы искали в интернете обзоры лекарств от простуды, и все свелось к выбору между двумя. Обзор лекарства «А» получил 3,5 звезды из 5. В обзоре на лекарство «В» утверждается, что две трети попробовавших его, сказали, что оно улучшило их состояние. Которое вы выберете?

Чтобы сравнить цифры как следует, их надо перевести в одинаковый формат. Здесь, мы можем свести оба показателя к одинаковому типу дробей или перевести оба в проценты.

Как дроби, они выглядят так:

3,5/5 и 2/3

Общий знаменатель, который мы с легкостью используем здесь — 15 (перемножьте знаменатели, 5 х 3, и получим 15). Чтобы привести числа к общему знаменателю, проделайте следующее:

3,5/5 х 3/3 = 10,5/15

и

2/3 х 5/5 = 10/15

Теперь очевидно, что оценка в 3,5 звезды чуть лучше одобрения 2/3.

Глава 10

А это достоверно?

Факты и цифры действительно показывают то, на что претендуют?

У статистики есть ареол авторитетного источника, и люди легко поддаются его влиянию. Она выглядит как «доказательство», даже когда на самом деле ничего не доказывает.

Достоверна или нет?

Специалисты в области статистики должны знать, что факты и цифры, полученные в результате исследования, научной работы, опроса или еще чего-то — «достоверны». Другими словами, создают ли они полезную информацию, которой можно пользоваться, или данный результат мог быть получен случайно или из-за ошибки в выборке? В целом, считается, что в научной работе получен достоверный результат, если вероятность (p), что результат случаен или ошибочен, менее чем 1 к 20. Это выражается следующим образом:

$$p < 0{,}05$$

Вероятность 1 означает, что нечто абсолютно верно: с вероятностью 1 можно утверждать, что если вы читаете эту книгу, то вы живы. Нулевая вероятность означает, что нечто определенно не произойдет. Вероятность того, что ваша копия книги напечатана на воде, равна 0.

Вероятность $p < 0{,}05$ устанавливается довольно странным способом. Это пятипроцентная вероятность, что «нуль-гипотеза истинна», а нуль-гипотеза заключается в том, что результата нет. Проведенное через двойное отрицание, это означает, что поскольку шанс на то, что результат — это случайное стечение обстоятельств, менее 5%, статистика хорошая. Этот запас в 5% также используют, чтобы игнорировать выбросы — значения, которые падают за пределами основного поля результатов.

Кривая на картинке снизу демонстрирует обычную — или нормальную — модель распределения результатов (больше об этом вы узнаете в 14-й главе). Результаты, которые, как правило, рассматриваются как надежные и, следовательно, могут быть включены в дальнейшую разработку — это те, что попадают в 95%. В некоторых исследованиях требуются более строгие и тщательные тесты на достоверность. Это применимо к действительно важным исследованиям — таким, которые переопределяют науку. Вероятность, требовавшаяся для подтверждения регистрации бозона Хиггса (тип субатомный частицы), примерно 1 на 3,5 миллиона, или $p < 2{,}86 \times 10^{-7}$.

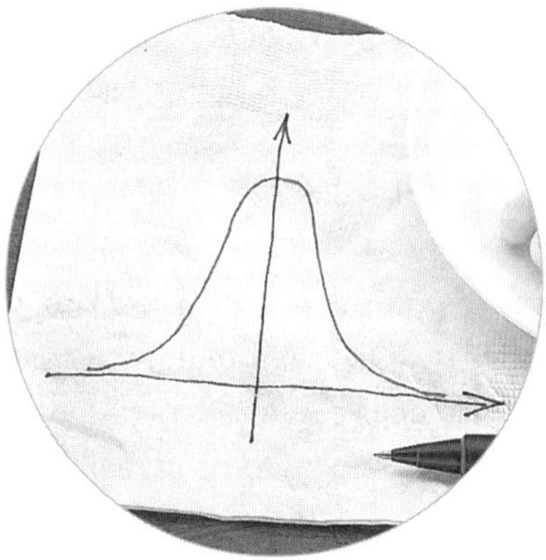

Нет результата? Или результат не достоверен?

Если исследование придет к выводу, что «статистически достоверный» результат отсутствует, это не обязательно значит, что отсутствует сам результат. Необходимо оценить размер выборки и организацию исследования.

ВСЕ ЛЕБЕДИ БЕЛЫЕ – ИЛИ НЕТ?

Давным-давно европейцы думали, что все лебеди белые, потому что они никогда не видели черных лебедей. Размер выборки был огромен — практически все лебеди в Европе. Но достаточно увидеть одного черного лебедя, чтобы уничтожить эту теорию. Британский философ Карл Поппер (1902–1994) выдвинул определение науки, которое требовало, чтобы теории были фальсифицируемы — т. е. чтобы была возможность показать ее ошибочность, — чтобы считаться научными. Теория, что все лебеди белые, конечно же, фальсифицируема (можно увидеть не белого лебедя), следовательно, она может быть предложена как теория. Но она не верифицируема. Мы не можем доказать ее истинность, не обозрев всех лебедей в мире во все времена. Это потому, что вы не можете доказать обратное. Тот факт, что вы никогда чего-то не видели, не означает, что оно не существует. Поэтому предположение противоположной идеи — нуль-гипотезы в этих статистических примерах — важный критерий.

Маломасштабное исследование может пропустить незначительный результат. Промежуток времени мог быть слишком коротким, или размер выборки слишком мал. Это надо принимать во внимание при испытаниях лекарств, например. Исследование, включающее только 20 испытуемых, не сможет показать эффект, оказываемый только на 2% — либо оно не покажет ничего, либо такой эффект проявится у 1 (или более) из 20, и мы получим 5% или более.

Корреляция и обусловленность

В новостных статьях обычно связывают поведение и события, утверждая, что одно вызывает другое. Мы можем, например, прочитать, что человек в мотоциклетном шлеме с меньшей вероятностью получит серьезную травму головы в случае аварии. Вывод: мотоциклетный шлем защищает. И, скорее всего, так оно и есть. Но также возможно продемонстрировать две последовательности цифр и утверждать, что есть связь, которая вряд ли существует или может отличаться от заявленной. Например, и покупка газет, и уровень убийств упали за последние 5 лет. Здесь существует корреляция — графики похожи. А представив цифры рядом, можно утверждать, что два явления связаны — вселяет ли покупка газеты в людей желание убивать? Наверное, нет. Здесь есть корреляция, но нет обусловленности: одно не является причиной другого.

Зимой увеличивается количество проданных санок, а продажи мороженого падают. Здесь есть связь, но не прямая: оба явления связаны с зимой, но не друг с другом. Остерегайтесь статистических графиков и таблиц, которые вроде бы подтверждают связь двух феноменов — связь, может, и есть, но могут присутствовать и другие факторы, известные как побочные переменные, которые связаны с обоими. В примере с санками и мороженым зима — это побочная переменная. Но и побочные переменные не всегда существуют — в некоторых случаях это просто совпадение.

ВЕРОЯТНО, НЕТ

Существует корреляция между:

- **продажами экологически чистой еды и диагнозами аутизма;**
- **использованием Фейсбука и кризисом греческого долга;**
- **импортом лимонов из Мексики и уровнем смертей на американских дорогах — здесь обратная корреляция: количество смертей падает, когда импорт лимонов растет;**
- **уменьшением количества пиратов и глобальным потеплением — это тоже обратная корреляция: препятствовали ли пираты глобальному потеплению?**

www.buzzfeed.com/kjh2110/the–10-most-bizarre-correlations

Глава 11

Насколько велика планета?

Что, если вы неожиданно окажетесь на другой планете? Сможете выяснить, насколько она большая?

Конечно же, это задача не первостепенная, но просто представьте себе... Как измерить нечто настолько крупное, что не обойти?

Круглая или плоская?

Несмотря на популярную легенду, мало кто считал, что Земля плоская. Тот простой факт, что вы можете увидеть, как нечто появляется на горизонте, демонстрирует, что она не может быть плоской. Тот, кто стоит на берегу моря и наблюдает, как приближается корабль, может видеть, что мачта — самая высокая часть — появляется первой, а потом остальная часть корабля медленно появляется над горизонтом. Такое возможно, только если поверхность Земли закруглена. Если бы Земля была плоской, удаленный объект появлялся бы крошечным, но сразу в полный рост, и только бы размер увеличивался по мере приближения.

Вам не нужно находиться рядом с морем, что, в принципе, хорошо, так как на чужой планете может и не быть морей или кораблей. Тот факт, что с возвышенности можно видеть дальше, также указывает на то, что Земля закруглена.

Где находится горизонт?

Если вы стоите на равнине или на уровне моря, на которое смотрите, самый дальний участок той же высоты (на Земле), который вы сможете увидеть, находится в 3,2 км.

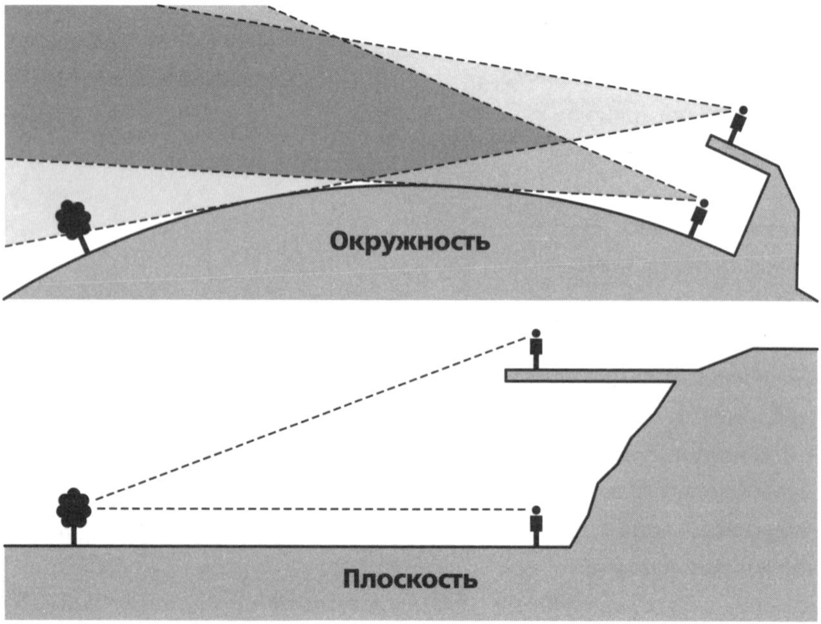

Предполагается, что ваши глаза находятся на «уровне глаз» (т. е. вы не лежите на полу) и ваш рост около 1,8 м. Вы можете видеть вершины высоких объектов, которые находятся дальше. Если вы стоите на холме или на палубе корабля, вы можете видеть дальше, чем 3,2 км.

НАСКОЛЬКО ДАЛЕКО ВЫ МОЖЕТЕ ВИДЕТЬ?

Человеческий глаз довольно хорошо справляется со своими функциями. Если ваш рост был бы достаточен для того, чтобы кривизна Земли не составляла проблемы, вы бы увидели пламя свечи за 16 км. Единственная причина, по которой вы не сможете увидеть ее на большем расстоянии, — она не достаточно яркая. Но вы можете видеть Солнце, а это около 150 миллионов километров он нас. Самая удаленная вещь, которую может увидеть человек ясной ночью без телескопа, — это, пожалуй, галактика Андромеда, которая находится на расстоянии 2,5 миллиона световых лет от нас, или около $2,4 \times 10^{16}$ км.

Весь путь вокруг

Размер Земли занимал мысли людей задолго до того, как у них появились подходящие технологии для ее измерения. Насколько мы знаем, древнегреческий философ Эратосфен был первым, кто попробовал посчитать окружность Земли. Он жил в египетском городе Александрия и провел эти вычисления около 240 г. до н. э.

Эратосфену было известно, что в соседнем городе Сиена был колодец, в котором, если заглянуть в него в полдень дня летнего солнцестояния, отсутствует тень.

Отсутствие тени в колодце означало, что солнце находится точно над ним и светит строго вниз. Также он знал, что в его родном городе в полдень этого дня не найти такого колодца без тени. (Это потому, что Александрия расположена севернее Сиены.)

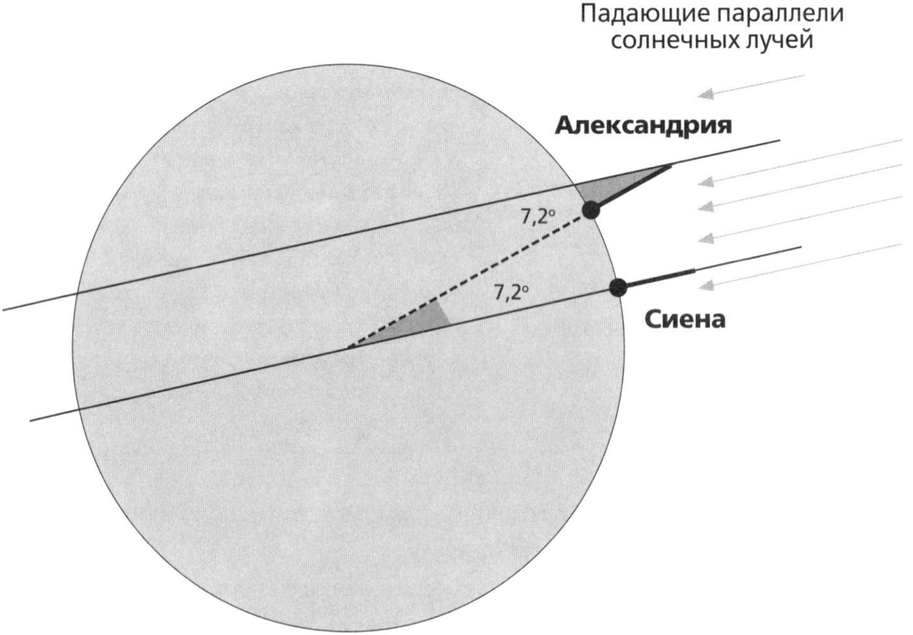

Эратосфен понял, что если сравнит тень в Александрии с отсутствием тени в Сиене, он сможет выяснить длину окружности Земли. Он измерил угол, образованный высокой башней в Александрии и краем ее тени в полдень (когда, как он знал, в Сиене нет теней). Угол равнялся 7,2 градуса. Он знал, что когда линия пересекается двумя параллельными, то внутренние накрест лежащие углы равны. Лучи солнца практически параллельны, так как их источник находится очень далеко.

Это означает, что угол к центру Земли (которую он считал сферической) между линиями, проведенными из Сиены и Александрии, будет тем же, что и угол тени, отброшенной башней. Отношение

полный круг (360°) : полученный угол

будет равно отношению

длина окружности Земли : расстояние между Сиеной и Александрией

Эратосфену было известно расстояние между двумя городами. К сожалению, мы не знаем точное расстояние, которое он использовал в расчетах, — он писал о 5000 «стадиях», но нам не известно, какой длины была его «стадия».

По счастливому стечению обстоятельств, 7,2 градусов являются 1/50 окружности (360 ÷ 7,2 = 50). Отсюда длина окружности равна 5000 x 50 = 250 000 стадий.

Возможно, Эратосфен был прав с точностью до 1% от истинной длины окружности, или, если он использовал другую длину стадии, он мог ошибиться на 16%. Даже если так, это неплохой результат. Используя его расчеты угла и действительное расстояние между городами, 800 км, мы получим длину окружности

50 x 800 км = 40 000 км

Реальная длина окружности Земли — 40 075 км.

На другой планете

Итак, если вы окажетесь на другой планете, у вас будет два способа узнать ее размер.

Чтобы использовать метод Эратосфена, вам понадобится найти место, где солнце не отбрасывает тени в полдень; затем надо измерить угол тени там, где она есть. Конечно, у вас может не оказаться с собой угломера, так что этот метод ненадежен. Альтернативный метод — измерить расстояние до горизонта.

Чтобы использовать этот метод, вам понадобится измерить, можно шагами, насколько далеко можно отойти от объекта, прежде чем он исчезнет за горизонтом. Это уравнение поможет вам выяснить, как далеко можно видеть на разных высотах:

$$\mathbf{d^2 = (r + h)^2 - r^2}$$

где d — это расстояние, на которое вы можете видеть, r — радиус планеты и h — расстояние от ваших глаз до земли (все расстояния в одинаковых единицах измерения).

Здесь использована теорема Пифагора, которая утверждает, что квадрат гипотенузы прямоугольного треугольника равен сумме квадратов катетов (*см. с. 74*).

Вы можете использовать это, чтобы выяснить значение r (радиуса планеты).

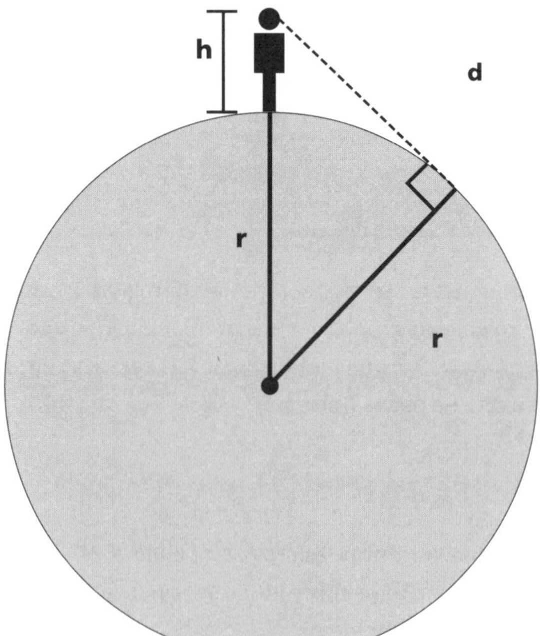

Раскрываем скобки

$$d^2 =$$

$$(r + h)^2 - r^2 =$$

$$r^2 + 2hr + h^2 - r^2 =$$

$$2hr + h^2$$

Таким образом, если вы можете видеть нечто на расстоянии 10 км, а ваши глаза находятся на высоте 1,5 м (т. е. 0,0015 км), то

$$10^2 = 2 \times 0{,}0015r + 1{,}5^2$$

$$100 = 0{,}003r + 2{,}25$$

$$100 - 2{,}25 = 0{,}003r$$

$$97{,}75 = 0{,}003r$$

$$3258 = r$$

После этого вам понадобится выяснить длину окружности, $2\pi r$:

$$2 \times \pi \times 3258 = 20\,473 \text{ км}$$

Не пытайтесь обойти эту планету!

Глава 12

Насколько линия прямая?

Наикратчайший путь от А до В — конечно же, линия, но прямая ли?

На плоскости это довольно очевидно: кратчайшее расстояние между двумя точками — прямая. Это можно доказать математически, но это доказательство, где используется дифференциальное исчисление (*см. главу 26*), слишком длинное и трудное для этой книги.

Линии, длинные и короткие

Представьте, что вы находитесь в A и хотите попасть в B. Путь может быть извилистым, особенно если вы идете по карте.

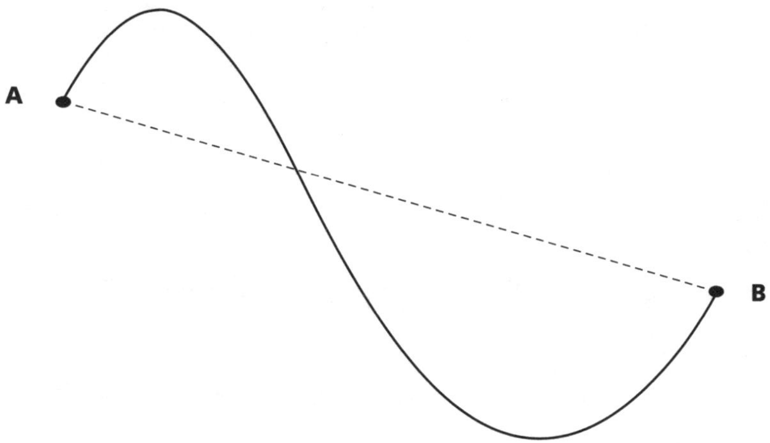

Чтобы сделать извилистый путь короче, мы сглаживаем изгибы. Если убрать все выступы, волнистая линия станет прямой.

Мы также можем обойтись без изгибов. Любую прямую можно представить как гипотенузу прямоугольного треугольника, — на самом деле — бесконечного числа прямоугольных треугольников.

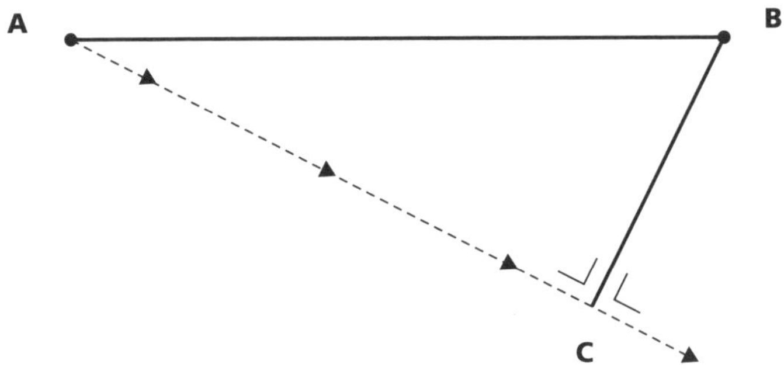

Какой бы треугольник вы не нарисовали, AC + CB всегда будет больше, чем AB.

Пока все нормально. Но мы не живем в плоском мире.

На шаре

Евклид (*см. с. 69*) установил основы геометрии для плоского мира. Евклидова геометрия имеет много практических приложений. С ее помощью можно, например, выяснить объем контейнера, который понадобится для вывоза грунта, когда вы выроете пруд, или подсчитать, сколько метров коврового покрытия понадобится для комнаты. Однако наша планета имеет шарообразную форму. На Земле прямая линия — не совсем та, чем кажется. Нам понадобится неевклидова геометрия.

Из пятого постулата Евклида (*см. с. 72*), демонстрирующего характеристики линий, которые пересекаются, следует, что параллельные линии никогда не пересекутся. Линия, падающая на две другие линии, перпендикулярна обеим (пересекает их под прямым углом), если эти две линии параллельны:

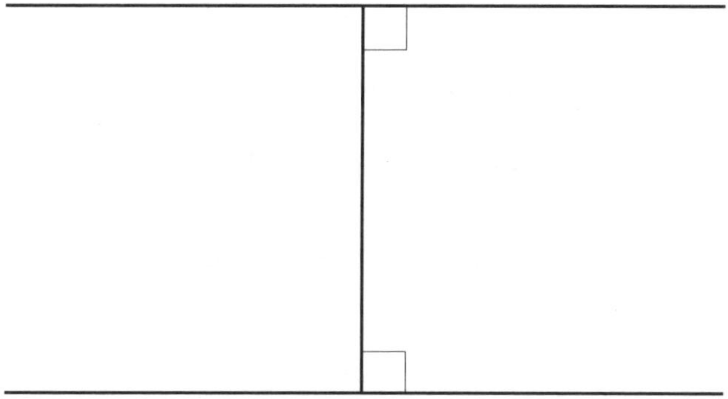

Это истинно на плоской поверхности, но не на искривленной.

Существует два типа искривленных поверхностей — вогнутая, как внутренняя поверхность чаши, и выпуклая, как внешняя поверхность сферы. В результате мы получаем два вида геометрии искривленных поверхностей. Они называются гиперболическая и эллиптическая геометрии.

Теперь мы можем нарисовать линию, перпендикулярную двум другим, и при этом те линии не будут параллельны. На гиперболической поверхности линии изгибаются друг от друга в обоих направлениях, расстояние между ними увеличивается. На эллиптической поверхности они изгибаются по направлению друг к другу и в конце концов пересекутся с обеих сторон.

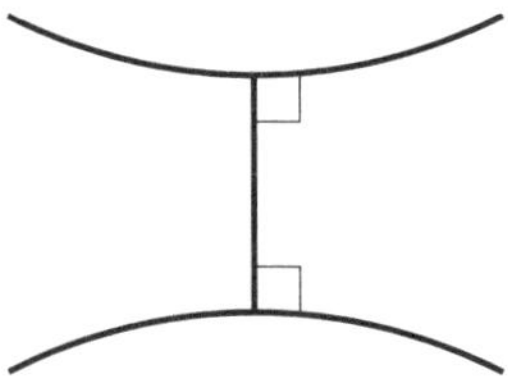

Гиперболическая

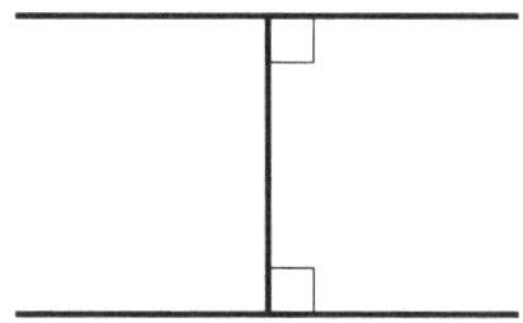

Евклидова

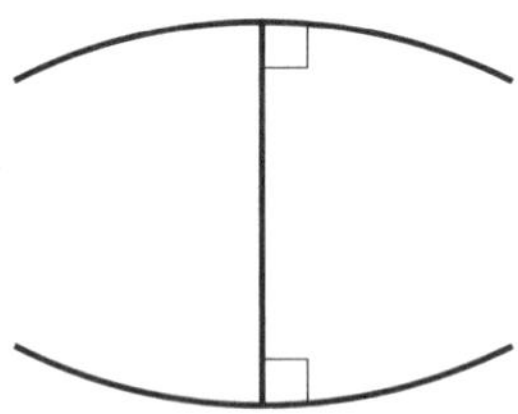

Эллиптическая

Как летают птицы

Мы привыкли думать о кратчайших географических расстояниях как о прямых. На карте можно нарисовать прямую линию.

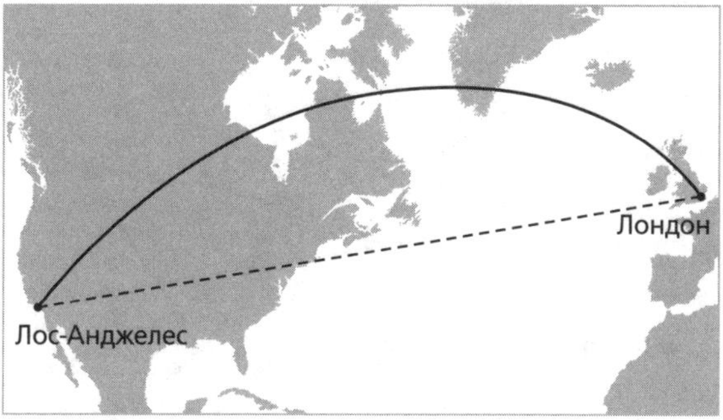

Вот, например, ворона, летящая из Лондона в Лос-Анжелес, планирует свой маршрут и, взглянув на карту, рисует прямую линию между двумя городами. Но если она воспользуется этим маршрутом, ей придется преодолеть большее расстояние, чем если бы она полетела по дуге, хотя дуга выглядит длиннее. Причина этого станет понятна, если мы вспомним, что Земля — это сфероид.

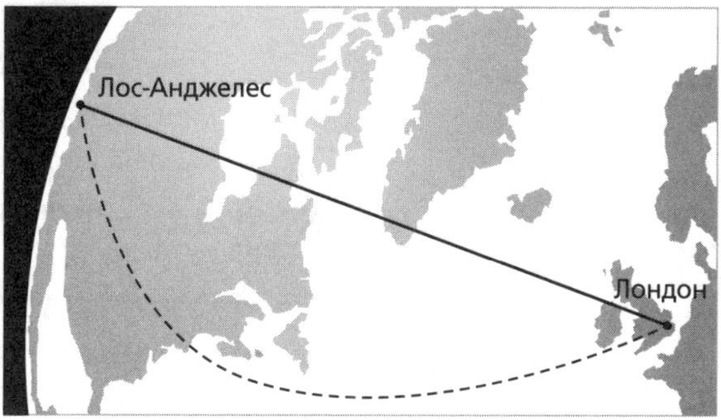

Кратчайшая линия между двумя точками на сфере соответствует *геодезической окружности*. Геодезическая окружность — это линия, которая проходит по сфере так, что центр образуемой ею окружности расположен в центре сферы. Т. е. диаметр такой окружности равен диаметру сферы. Геодезическую окружность называют также «большим кругом». Можно нарисовать любое количество больших кругов на сфере.

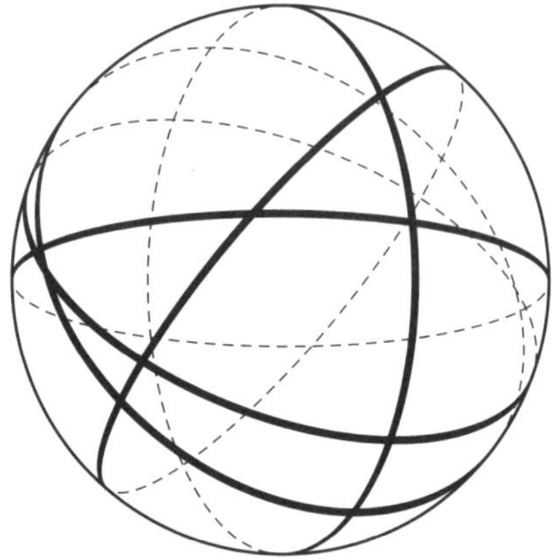

Возвращаясь к Земле, все линии долготы — большие круги. Ни одна из широт, кроме экватора, не является большим кругом. Все остальные линии широты образуют меньшие (или малые) круги с меньшим радиусом, чем радиус сферы. Чтобы найти кратчайшее расстояние между двумя точками на поверхности сферы, надо нарисовать большой круг, пересекающий эти две точки; расстояние по малому кругу всегда больше (даже если так не выглядит).

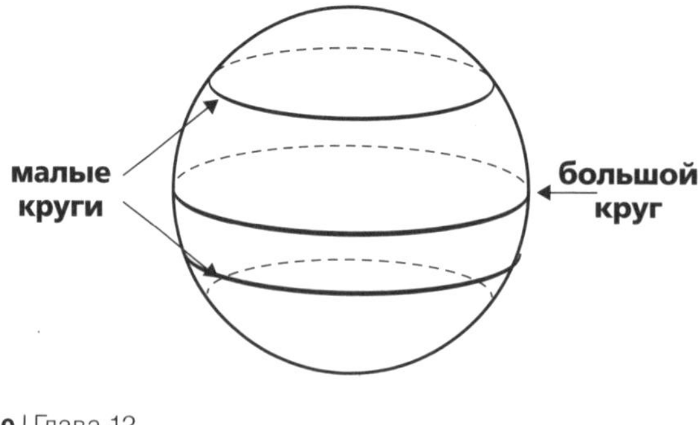

Птичья карта

Линия, которая выглядит кратчайшей на плоской карте, — это малый круг, если сопоставить карту с глобусом. Причина, по которой действительный маршрут полета птицы или самолета выглядит на карте длиннее, чем очевидно «прямой» путь, заключается в том, что все проекции карт искажают географию мира. Невозможно нарисовать поверхность сферы на плоскости без того или иного искажения. Самая привычная для нас — проекция Меркатора (внизу).

Искажения увеличиваются, чем ближе мы подбираемся к полюсам. В результате Гренландия выглядит значительно крупнее, чем на самом деле, а Антарктика по размеру выглядит как все остальные материки вместе. На самом деле она примерно в полтора раза больше Австралии.

В проекции Галла-Петерса на с. 142, которая показывает действительные площади континентов, карта выглядит совсем по-другому. Теперь Гренландия действительно довольно маленькая, а Африка значительно больше. Эта проекция не пользуется

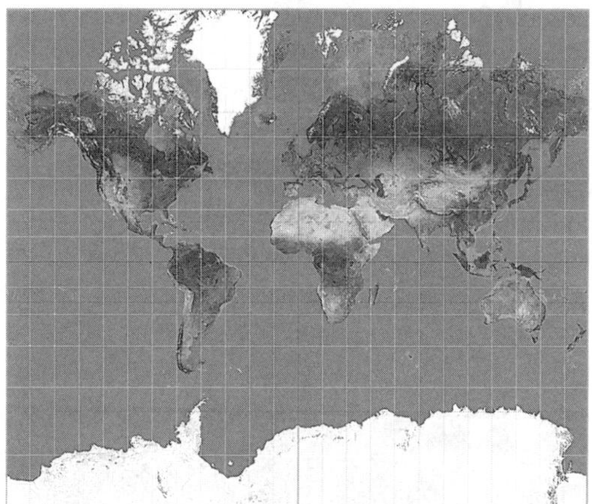

популярностью в Северной Америке, так как на ней Северная Америка выглядит менее важной по сравнению с Южной Америкой, Африкой и Австралией, чем привыкли американцы. Африка в три раза больше, чем материковая часть США.

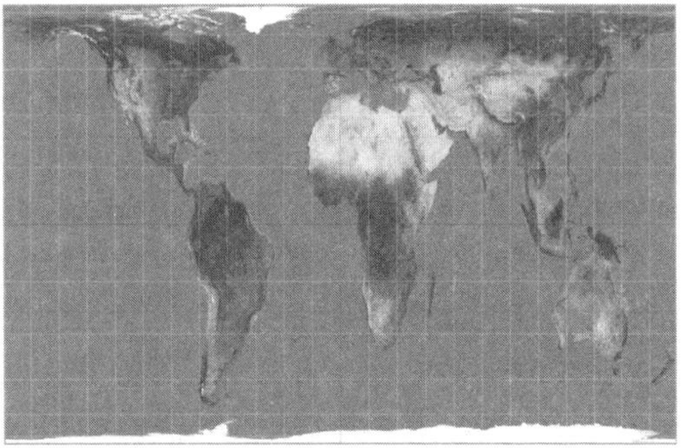

Из-за искажений в картографических проекциях, а также преобразования большого круга в линию на плоскости, на карте прямой маршрут полета выглядит как парабола.

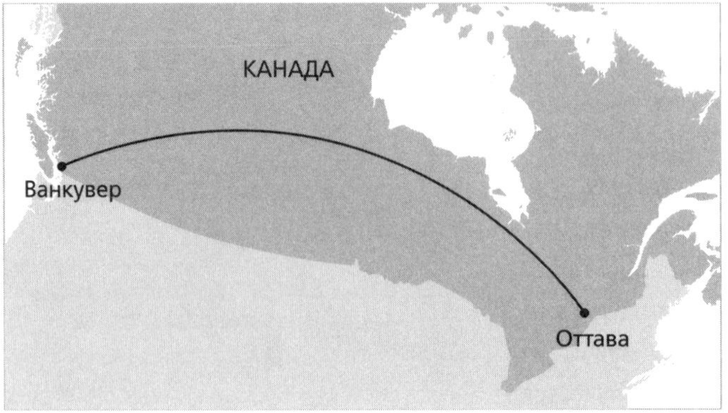

КАКОГО РАЗМЕРА ГРЕНЛАНДИЯ?

На привычной карте Меркатора размер Гренландии сопоставим с Африкой, а Антарктика выглядит больше, чем все остальные страны вместе. На самом деле, размер Гренландии — около одной четырнадцатой от размера Африки.

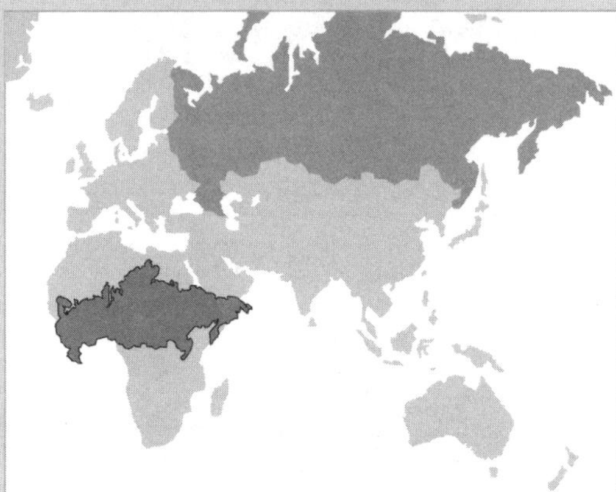

А Россия, которая выглядит огромной в проекции Меркатора, в реальности также меньше Африки.

Короче — не всегда быстрее или лучше. Самолеты не всегда следуют самому прямому маршруту большого круга, так как ветер и сеть путей сообщения воздушного транспорта также оказывают влияние на выбор маршрута. Мы живем в реальном мире, а не в математическом раю, и всегда существуют другие факторы, которые нужно принять во внимание, такие как гравитация, погода, диспетчерская служба и даже вражеские силы на земле с оружием ПВО.

Появление дополнительных факторов не ставит математику в тупик, а лишь усложняет ее задачу. Это загадка Иоганна Бернулли, жившего в XVII в. Представьте кусок проволоки с шариками, нанизанными на нее.

ВЕТРЕНЫЕ ДНИ

Хотя ветер не влияет на расстояние, он может усложнить полет самолета по конкретному маршруту. Изменение маршрута увеличит расход топлива и может занять больше времени. Далее, топография местности, над которой пролетает самолет, влияет на высоту, на которой требуется лететь. Общее расстояние включает вертикальный компонент. Самолету приходится лететь выше, когда он находится над горами, чем когда он над океаном, а набор высоты сжигает много топлива. Может оказаться дешевле выбрать более длинный маршрут над равнинами или морем, чем короткий над высокими горами.

Какую форму вы придадите проволоке, чтобы шарики скользили быстрее с одного конца на другой? (Длина проволоки неизменна во всех случаях.)

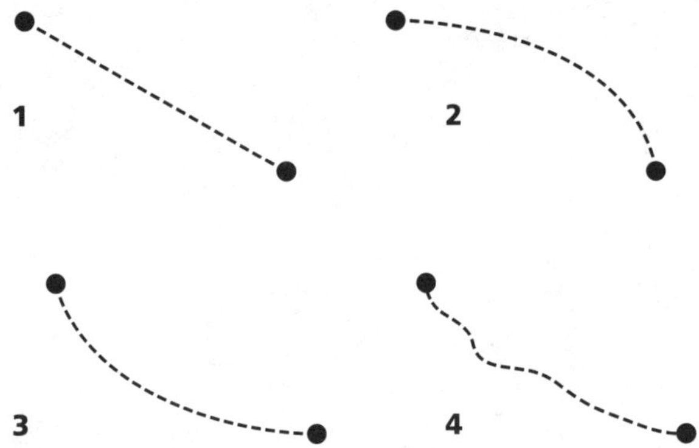

Многие блестящие математики, включая Ньютона, Бернулли, Гюйгенса и Лейбница, думали над этой задачей. Галилей решил ее неправильно. Первым, кто дал правильный ответ, был Ньютон, который получил преимущество более развитого математического анализа.

Правильный ответ — третья форма: круто направленный вниз изгиб позволяет шарикам набрать скорость, чтобы покрыть горизонтальную дистанцию быстрее. Шарик, следующий этой траекторией, окажется дальше за то же время, что и шарик на более короткой прямой проволоке. Так что прямая — может, и кратчайший путь на плоскости, но быстрейший путь может оказаться совсем не прямым.

Глава 13

Вам нравятся обои?

Если вам случалось заглядывать в обойный каталог, вы наверняка думаете, что существует огромное количество всевозможных орнаментов.

Для математиков, однако, существует только 17 базовых схем в так называемой «группе орнаментов».

Давайте посмотрим еще раз. И еще

Вообще-то, математиков не особо интересует все, что связано с обоями как таковыми, но они интересуются изометрией (*см. ниже*), а именно она определяет схемы группы орнаментов. Доказательство, что существует только 17 базовых схем, которые составляют группу орнаментов, было продемонстрировано русским математиком, геологом и кристаллографом Евграфом Федоровым в 1891 г. Все орнаменты, построенные путем повторения изометрий, опираются на «клетку» — конкретную форму, обычно прямоугольную или шестиугольную.

Немного об изометрии

Никто не желает, чтобы формы на обоях искажались, увеличивались или уменьшались, по мере продвижения по стене. Это спровоцирует ночные кошмары. Наоборот, копии форм, даже если они перевернуты или отражены, должны быть одинаковыми. Математический термин для этого — изометрия, что означает: расстояние между любыми двумя точками на изображении должно оставаться прежним, после того как картинка была трансформирована. Это легко понять на примерах. У нас есть морской конек.

Вот несколько способов трансформации изображения морского конька:

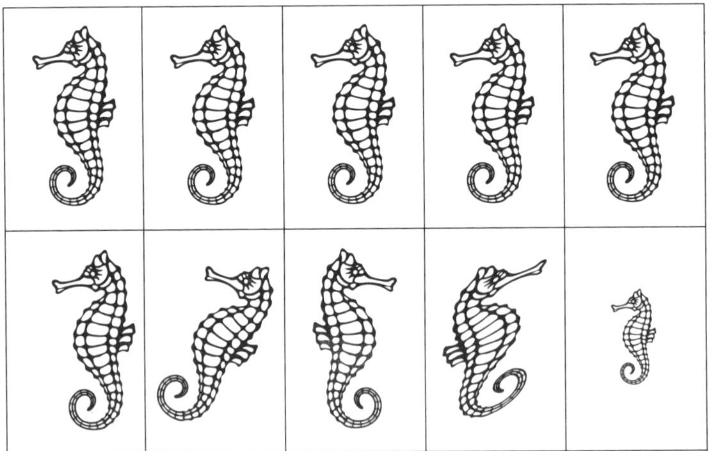

Морской конек смещен вправо	**Морской конек повернут**	**Морской конек отражен**	**Морской конек скошен**	**Морской конек уменьшен**

Первые три — изометрические трансформации, расстояния между любыми двумя точками морского конька одинаковые до и после трансформации. Четвертое и пятое изображения не-изометричны: уменьшение и скос меняют расстояние между точками.

Существует четыре типа изометрии в двухмерном пространстве:

сдвиг (перемещение фигуры целиком влево, вправо, вверх или вниз)

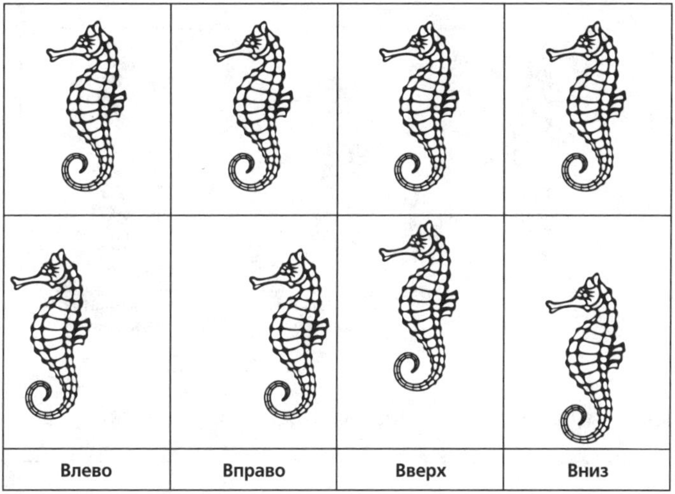

поворот (поворот фигуры по часовой стрелке или против нее)

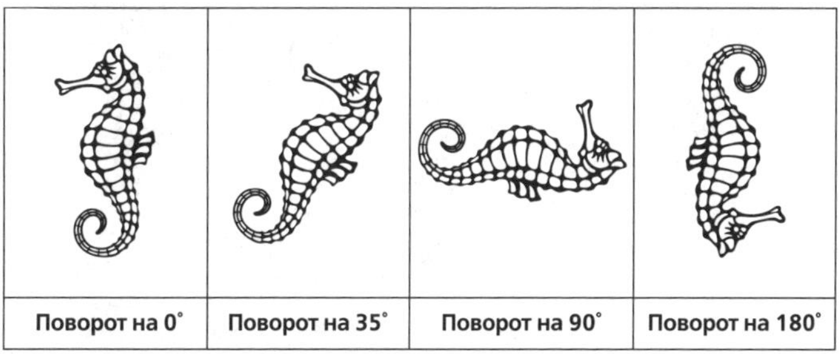

отражение (отражение — зеркальный образ — фигуры в любом направлении)

	Горизонтальное отражение	**Вертикальное отражение**

скользящее отражение (комбинация отражения и сдвига)

	Горизонтальное скользящее отражение	**Вертикальное скользящее отражение**

Математики дали необычные названия этим 17 схемам, которые можно встретить разве что в каталогах обоев. Эти названия — коды, за которым стоит способ организации орнамента.

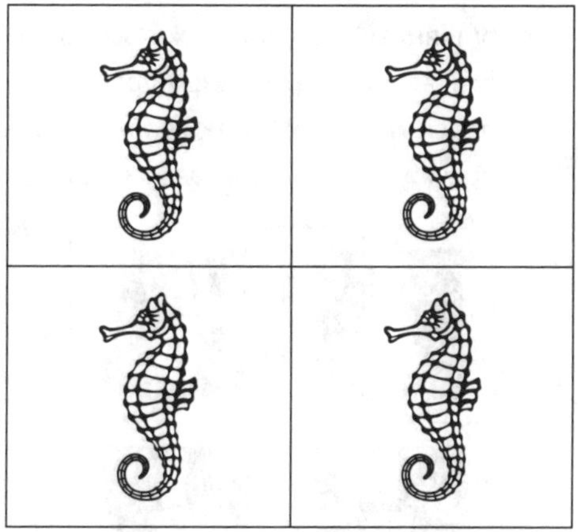

- p1 (справа вверху) — самая простая форма, где изображение просто сдвинуто по одному направлению. Формой клетки может быть любой параллелограмм (включая прямоугольник или квадрат).

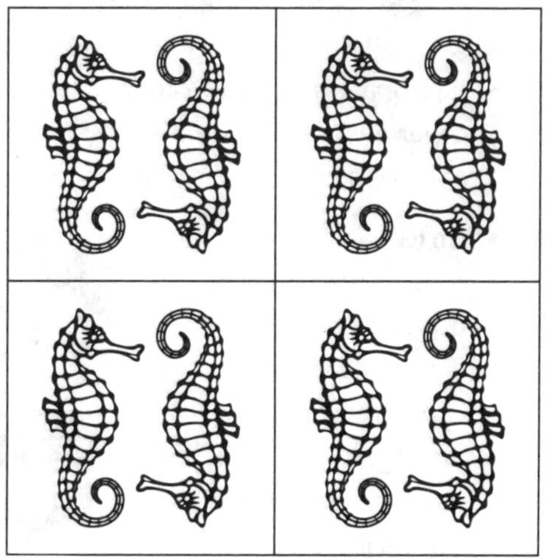

- p2 (справа внизу) похожа на p1, но плитку можно перевернуть вверх ногами, и это не приведет к изменению изображения.

- pm (внизу) может отражаться вдоль оси; это значит, что у фигуры есть ось симметрии. Клетка должна быть прямоугольной или квадратной.

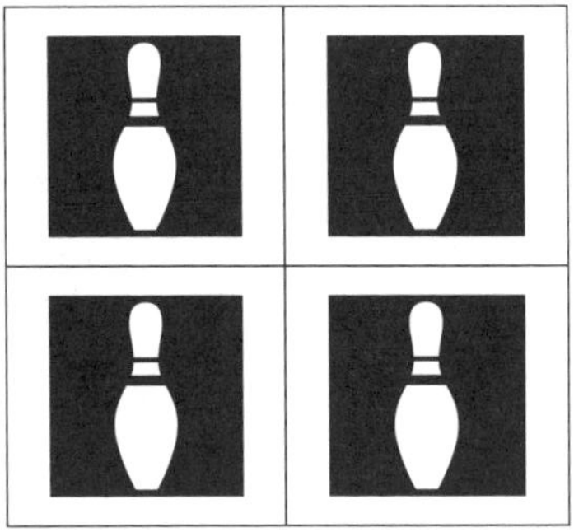

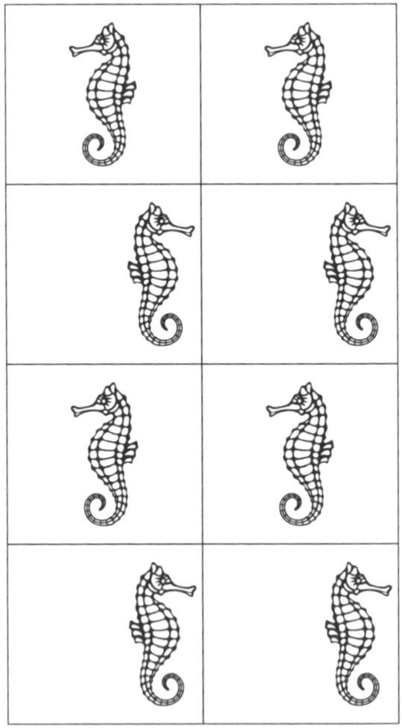

- pg (справа вверху) — скользящее отражение — отражение и сдвиг за один раз.
- cm (справа внизу) сочетает скользящее отражение и отражательную симметрию по оси; клетка должна быть параллелограммом с равными сторонами.

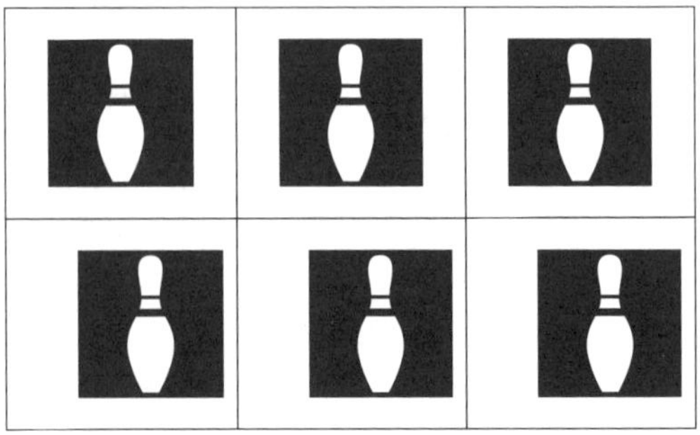

Структура изображения все больше усложняется в результате сочетаний отражений, поворотов и скольжений в разных направлениях. Интересно, что примеры всех типов орнаментов можно найти в искусстве Древнего мира, включая рисунки на египетских саркофагах, арабскую плитку и мозаику, ассирийскую бронзу, турецкую керамику, таитянский текстиль, китайский и персидский фарфор. Здесь лишь несколько примеров:

p2mg — ткань, Гаваи

p4 — потолок в египетской гробнице

p4mg — китайский фарфор

p3m1 — персидская глазурованная плитка

p31m — расписной фарфор из Китая

p6mm — бронзовый сосуд из Нимрода, Ассирия

А как насчет обойного бордюра?

Группа орнаментов повторяет узоры в двух измерениях — вдоль стены, а также вверх и вниз, от пола до потолка. Еще одна группа, известная как группа фризов, повторяет узор только в одном измерении; так можно сделать обойный бордюр.

Семь типов, и снова все они обнаружены в древнейших образцах искусства, даже в доисторических украшениях:

p1	Горизонтальный перенос	
p1m1	Перенос, вертикальное отражение	
p11m	Перенос, вертикальное и горизонтальное отражение	
p11g	Перенос и скользящее отражение	
p2	Перенос и поворот на 180°	
p2mg	Перенос, поворот на 180°, вертикальное отражение и скользящее отражение	
p2mm	Перенос, поворот на 180°, горизонтальное и вертикальное отражение и скользящее отражение	

А теперь плитки...

Группа орнаментов работает также с геометрическими формами, из которых можно выложить мозаику, т. е. покрыть ими плоскость без пробелов.

Выкладывание мозаики — это другой способ построения орнаментов, работающий с формой клетки, а не с узором, нарисованным на ней.

И снова, большинство типов мозаик обнаруживаются в искусстве Древнего мира. Простейшие мозаики используют одну и ту же форму для повторения. Они называются регулярными мозаиками. Существует три базовых типа:

Треугольная

Квадратная

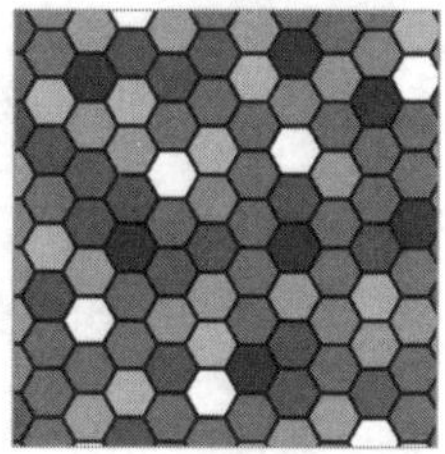

Шестиугольная

Узор повторяется во всех вершинах (углах) геометрических форм.

Тип мозаики описывается путем указания числа сторон каждой формы, встречающихся в одной вершине.

Каждый угол шестиугольника становится общим для трех шестиугольников. У любого шестиугольника шесть сторон, следовательно, описанием будет 6.6.6.

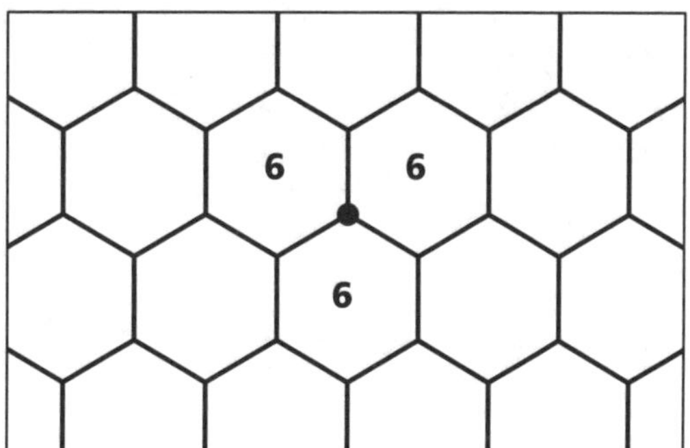

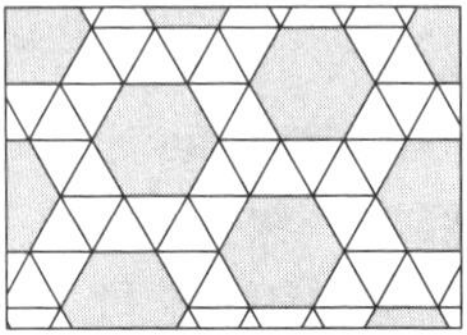

3.3.3.3.6

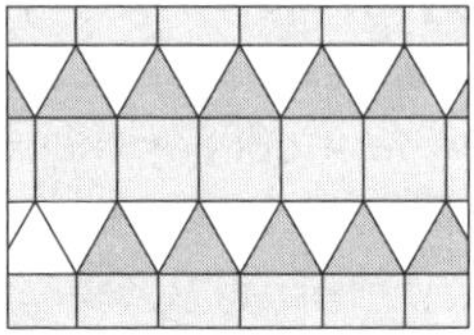

3.3.3.4.4

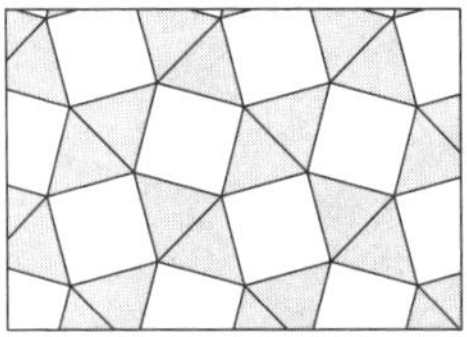

3.3.4.3.4

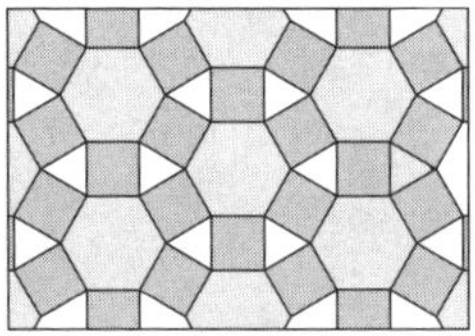

3.4.6.4

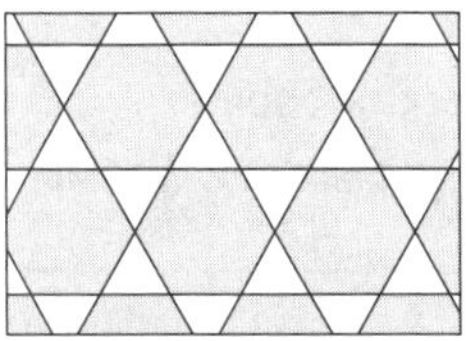

3.6.3.6

3.12.3.12

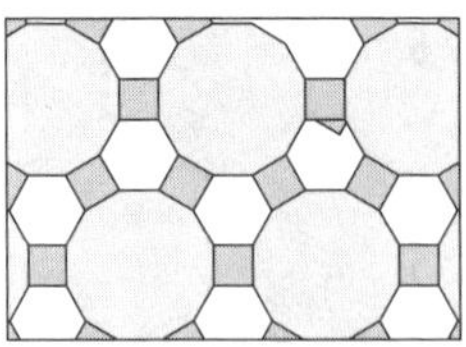

4.6.12

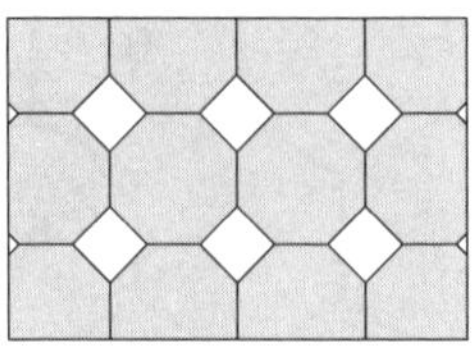

4.8.8

Полурегулярные мозаики могут содержать две или больше геометрические формы в одном узоре. Существует восемь типов полурегулярных мозаик (*см. слева*).

И снова, узор в каждой вершине повторяется, хотя он может быть повернут.

Нерегулярные мозаики не имеют одинаковых узоров в любой вершине и, следовательно, не могут быть описаны с помощью той же системы. Они по-прежнему должны покрыть всю поверхность. Такова нерегулярная мозаика во дворце Альгамбра в Испании:

Вы можете использовать любую из этих мозаик, чтобы оформить ванную комнату, если хорошо кладете плитку. Более претенциозные и художественные мозаики, часто использующие искривленные формы, были разработаны нидерландским художником М. К. Эшером (1898–1972). Поверхность по-прежнему полностью заполнена, но теперь оригинальными, а иногда и кошмарными перестановками и метаморфозами форм.

> ***«[Математики] открыли врата, ведущие в обширные владения, но сами не зашли в эти земли. По своей природе, они больше интересуются тем, как открываются врата, чем садом, что лежит за ними»***
>
> М. К. Эшер

Глава 14

Это нормально?

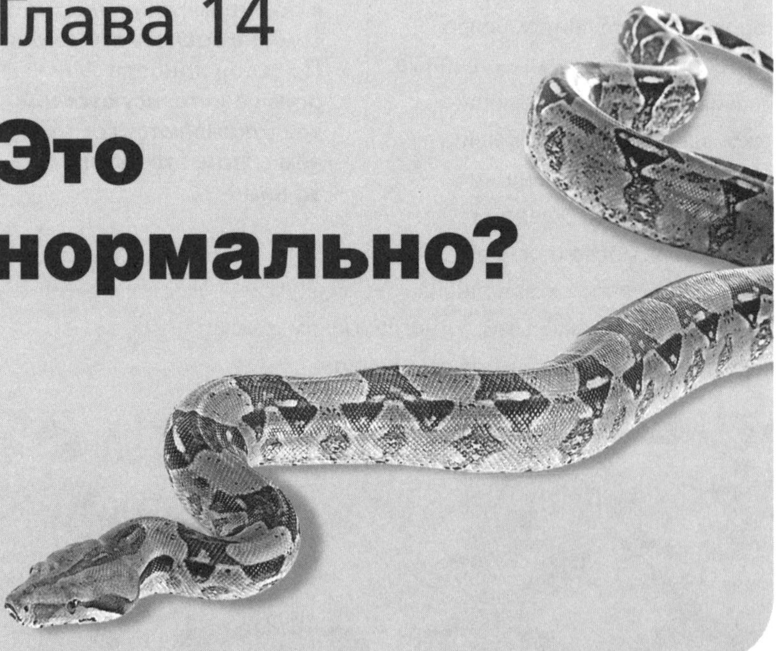

Сколько весит младенец? Какова длина обыкновенного удава? Как часто люди посещают супермаркет?

Ответ на все эти вопросы: «По-разному». Но хотя ответ разнится от одного конкретного ребенка, удава или покупателя к другому, существуют границы, в пределах которых ожидаемо попадает любой конкретный случай. Младенец не будет весить три нанограмма или пять тонн. Длина удава не будет равняться 40 км. Люди не ходят в супермаркет раз в минуту или раз в тысячелетие.

Нормальный младенец

Перед рождением ребенка родители имеют предположение о вероятном весе малыша, исходя из знания о других детях. После рождения реальный вес ребенка устанавливается и сравнивается с другими.

Предварительное знание о среднем весе новорожденного полезно родителям («Нужно ли покупать очень маленькую одежду?») и медработникам («Этот ребенок в группе риска?»). Последние могут

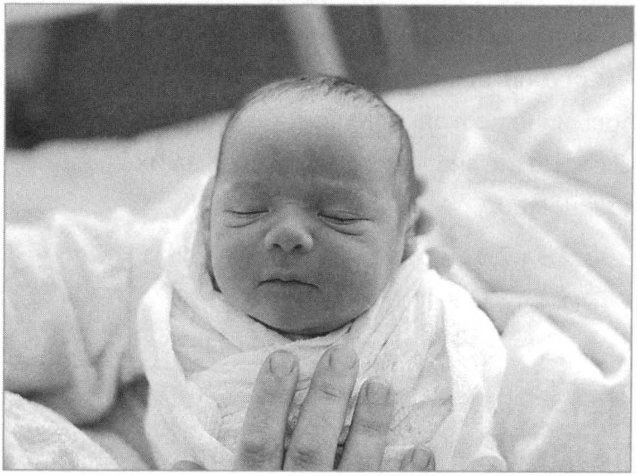

благодаря такому знанию ответить на вопрос: «Настолько ли этот ребенок отклоняется от нормы, что следует начинать беспокоиться?».

Справа расположена таблица веса новорожденных.

Ребенок	Вес
1	2,3 кг
2	2,3 кг
3	2,9 кг
4	3,0 кг
5	3,2 кг
6	3,3 кг
7	3,4 кг
8	3,5 кг
9	3,7 кг
10	3,8 кг

Эту таблицу сложно обработать в уме, даже если запись сделана в порядке убывания или роста. Проще осознать вес младенцев, исходя из среднего значения.

Среднее значение

Существует три типа «нормы», которые мы можем посчитать:

Средняя величина. Это то, о чем большинство людей думает, как о норме. Сложите все значения и разделите на их количество:

2,3 + 2,3 + 2,9 +3,0 + 3,2 + 3,3 + 3,4 + 3,5 + 3,7 + 3,8 =31,4

31,4 ÷ 10 = 3,14 кг

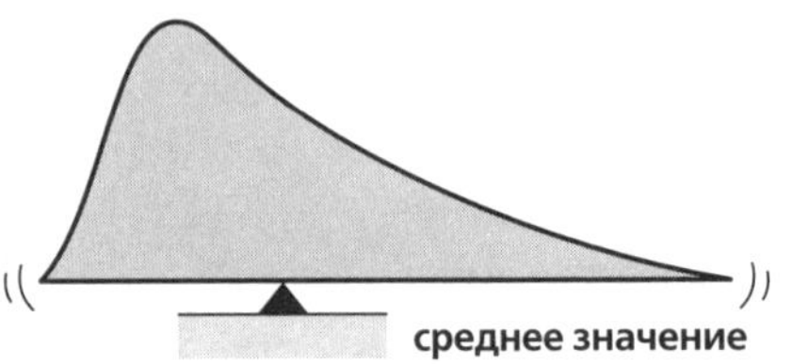

Медиана. Это значение в середине последовательности, что значит половина значений выше его и половина — ниже. Поставьте значения в порядке возрастания (как в таблице) и выберите то, что в середине списка. Если там четное число значений в середине будет два значения. Медианой будет средняя величина из этих двух, следовательно, в нашем случае медиана — это среднее значение из 3,2 кг и 3,3 кг, равное 3,25 кг.

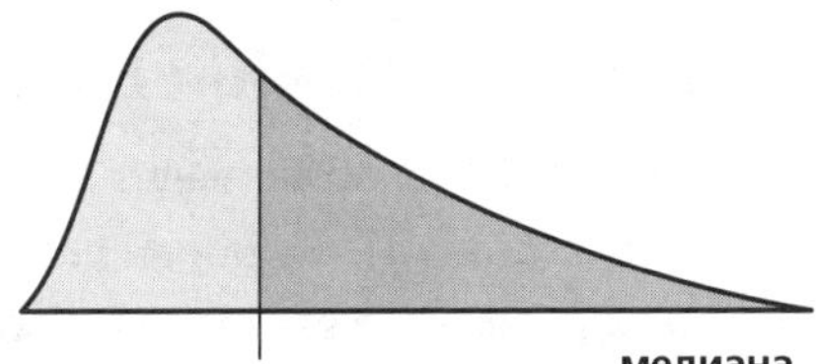

«Мода». Это значение, встречающееся чаще других. В нашем случае два ребенка имеют вес 2,3 кг, а все другие значения встречаются только по одному разу, следовательно, 2,3 кг — это мода.

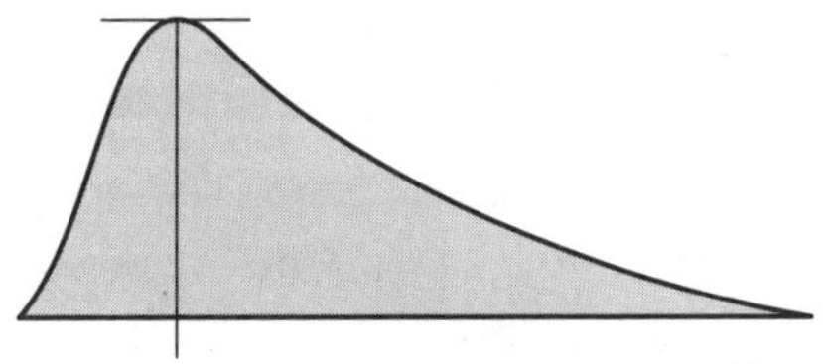

С небольшим набором данных, подобных таблице воображаемых младенцев на соседней странице, мода может ввести в заблуждение. Рассматривая эти значения и вычисляя моду, мы могли бы ожидать, что вес ребенка будет 2,3 кг, но на самом деле это значительно ниже, чем вес большинства новорожденных. Как в случае со статистикой, чем больше данных, тем более достоверные данные мы получим при любом типе анализа. С малым набором данных, подобном этому, медиана и среднее значение более надежны и полезны, чем «мода». И действительно, часто «моды» нет вообще, если каждое значение выпало лишь раз.

Нормальное распределение

Более простой способ взглянуть на большое количество данных — это график. Если мы построим график на большее количество новорожденных, где вес отложим по оси x (горизонталь) и количество детей по оси y (вертикаль), в результате получим следующую кривую. Из-за ее формы ее иногда называют «колокол».

На каждом конце кривой очень небольшое количество детей будут крайне маленькими или крайне большими, но вес большинства попадет в некоторую точку в середине кривой.

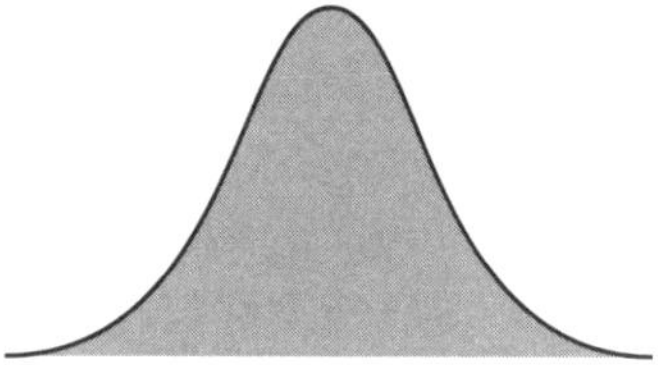

Отклонение от нормы

Но какое место на кривой мы назовем «нормой»? Очевидно, что не только те примеры, что окажутся точно посередине. Чтобы быть действительно полезным, график должен нести больше информации. Самая полезная информация — стандартное отклонение, означаемое греческой буквой сигма, σ. Оно измеряет, насколько сильно все примеры отклоняются от среднего, и выражает норму или стандарт. Она рассчитывается по формуле, которая выглядит устрашающе, но удивительно проста в использовании:

$$\sigma = \sqrt{\frac{1}{N}\sum_{i=1}^{N}(x_i - \mu)^2}$$

Она включает три шага, начиная с заключенного в скобках.

- Для каждого значения: вычтите среднее из каждого значения: $x_i - \mu$
- разность возведите в квадрат: $(x_i - \mu)^2$

Затем

- сложите разности в квадрате вместе: $\Sigma(x_i - \mu)^2$
- разделите на количество значений – полученный результат называется «расхождение»: $1/N\ \Sigma(x_i - \mu)^2$
- извлеките корень квадратный из расхождения: σ. Это стандартное отклонение.

Причина, по которой мы возводим значения в квадрат, а затем проводим обратную операцию в конце, заключается в том, что в противном случае отрицательные значения (случаи, где значения ниже среднего) нивелируют положительные.

Стандартное отклонение для нашего списка веса новорожденных — 0,5 кг.

ЧТО СНАЧАЛА?

Когда вычисления включают несколько шагов, сложно решить, в каком порядке их выполнять. Воспользуйтесь следующей памяткой:

B - операции в скобках в первую очередь

O - потом со степенными функциями (возведите числа в степени или извлеките корни)

D - проведите все операции деления слева направо, если их больше одной

M - теперь все операции умножения, снова слева направо

A - далее все операции сложения, слева направо

S - и, наконец, вычитания, слева направо.

Выборка или генеральная совокупность?

Мы допустили, что эти дети — и есть вся совокупность детей, подвергшаяся исследованию. Однако если мы хотим использовать выборку для того, чтобы собрать информацию о весе младенцев в целом, нам придется слегка скорректировать расчеты стандартного отклонения. Вместо того чтобы делить на N, мы разделим на N-1. Это сделает стандартное отклонение в нашей выборке чуть больше — 0,52 кг. Делается это для некоторой гибкости, поскольку в генеральной совокупности неизбежно больше разнообразия, чем в выборке, если только по случайности вы не выбрали самые большие и самые маленькие экземпляры из всей совокупности.

Снова взглянув на таблицу, мы видим, что только 1, 2, 9 и 10 лежат за пределами стандартного отклонения (больше 0,52 кг) от среднего значения 3,14 кг. Следовательно, ожидая ребенка, можно вполне обоснованно предполагать, что его вес будет между 2,6 кг и 3,7 кг.

Ребенок	Вес
1	2,3 кг
2	2,3 кг
3	2,9 кг
4	3,0 кг
5	3,2 кг
6	3,3 кг
7	3,4 кг
8	3,5 кг
9	3,7 кг
10	3,8 кг

Процентили

Изучая большую совокупность, можно собрать больше информации. Процентили (или перцентили) указывают, каков процент значений попадает ниже определенного уровня. 50-й процентиль — это середина ряда, с 50% значений выше и 50% ниже. 90-й процентиль означает, что 90% значений ниже и только 10% выше. Соответствие второму процентилю подразумевает, что только 2% значений ниже, а 98% значений выше.

Процентильные кривые часто используются для того, чтобы показать графики роста детей.

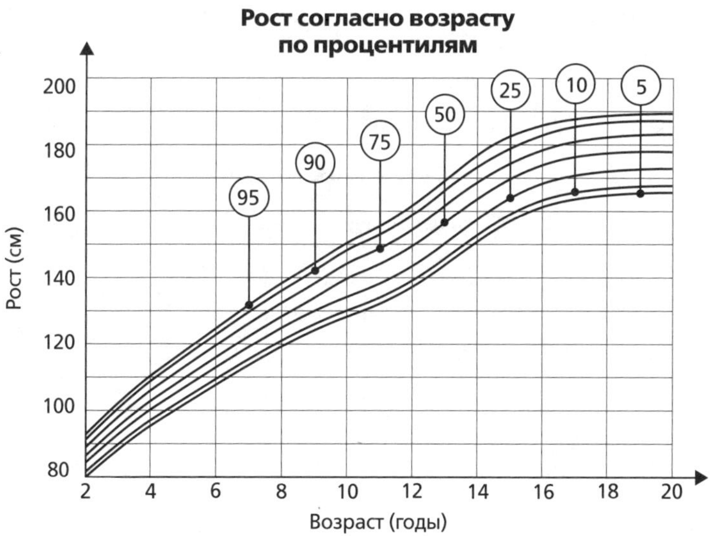

Подобная кривая не означает, что никогда не будет детей больше 95-й перцентили или меньше 5-й, лишь то, что их будет немного:

90% всех детей будут находиться где-то между верхней и нижней кривой. За более высокими или низкими детьми будут наблюдать, но совсем не обязательно, что с ними что-то не так.

Нормальная кривая

Связав идею процентилей с кривой нормального распределения (колокол), мы можем разбить кривую на части, соответствующие первому, второму или третьему стандартному отклонению от среднего значения. Так получается, что в большинстве случаев это разбиение выглядит так:

Это называется кривой нормального распределения. Множество вещей естественным образом вписывается в эту модель с 68% значений в рамках первого стандартного отклонения, 95% — в рамках второго стандартного отклонения и 99,7% — в рамках третьего стандартного отклонения. Это применимо к росту людей, ошибкам в измерениях, данным кровяного давления, оценкам на экзаменах и многим другим наборам значений.

Нахождение за пределами границ второго или третьего стандартного отклонения от среднего значения может стать причиной для тревоги. Но границы могут также использоваться для установления «нормы». Предположим, что ваша работа заключается в том, чтобы устраивать вступительные экзамены. Вы не можете быть уверены в том, что экзаменационные работы разных лет одинаково трудны или оцениваются с одинаковой строгостью. Однако вы можете установить проходную оценку. Если вы построили график всех студенческих результатов и приняли, допустим, всех, кто получил оценку выше, чем 0,5 стандартного отклонения ниже среднего значения. Вы можете использовать этот метод ежегодно, чтобы выделить 69% лучших студентов.

Глава 15

Какова длина веревки?

Не все можно посчитать.

Счет хорош для групп объектов, таких как коровы, торты, кастрюли или боевые топоры. Но не все существует в дискретных единицах. Нам часто приходится не считать штуками, а измерять такие понятия и объекты, как время, жидкости или такие мелкие предметы, как песчинки или рис, которые крайне затруднительно пересчитывать.

Правители и линейки

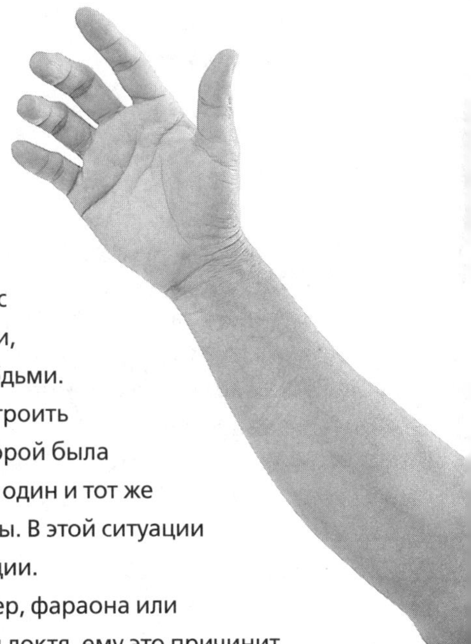

Древнейшие известные нам единицы меры основаны на размерностях человеческого тела: длина шага, расстояние от кончиков пальцев до локтя или длина верхнего сустава большого пальца руки. Они достаточно хороши, пока вы не работаете с чем-то, требующим большой точности, и у вас нет необходимости комбинировать части, сделанные или измеренные разными людьми. Но только представьте себе попытку построить большую пирамиду, каждая сторона которой была просчитана шагами разных людей. Даже один и тот же человек может делать шаги разной длины. В этой ситуации быстро проясняется польза стандартизации.

Если рука одного человека — например, фараона или главного архитектора — станет мерилом локтя, ему это причинит

много неудобств — быть все время под рукой в измерительных целях. И в любом случае, он не сможет быть в нескольких местах одновременно. Здесь пригодится эталон, наподобие линейки. Королевский локоть обычно был представлен деревянной рейкой, на ней была разметка, прямо как на современной линейке. Этот тип стандартизации, появившись 5000 лет назад, хорошо послужил: Великая пирамида Гизы построена на основании 440 локтей в квадрате, с точностью до 0,05%, или 115 мм на 230,5 м.

МЕРА ДЛЯ ВСЕГО

Люди по всему миру разрабатывали различные измерительные системы в соответствии с тем, что им нужно было измерять. В результате мы имеем довольно странные единицы измерения, например:

- **длину лошади (2,4 м) в скачках;**
- **коровий луг (единица площади) — такое количество земли, что если на ней растет трава, ее будет достаточно, чтобы прокормить одну корову;**
- **морген (единица площади) — столько земли, сколько может вспахать один человек и один бык за утро; южноафриканское общество юристов (SALS) в 2007 г. постановило это количество эквивалентным 0,856532 гектара (что, право, излишне точно);**
- **масса Юпитера — использовалась, чтобы описывать массу планет за пределами нашей системы, эквивалентна $1{,}9 \times 10^{27}$ кг.**

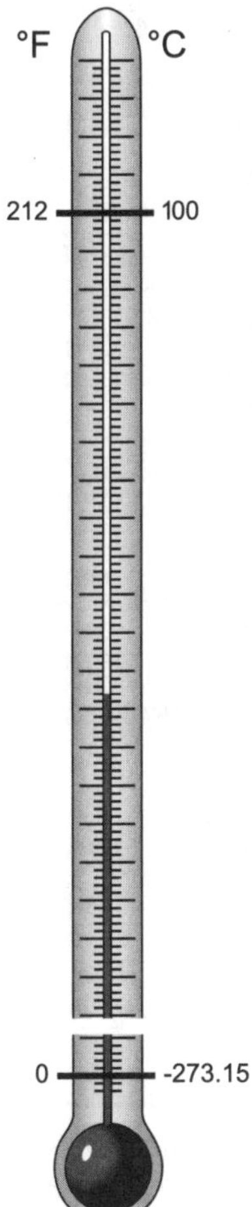

Единицы СИ

Метрическая и десятичная системы, которые лежат в основе Международной системы (СИ) единиц измерения, были утверждены во Франции в 1799 г. Сейчас единицами СИ пользуется большая часть мира.

Существует семь базовых единиц СИ, принятых на XI Генеральной конференции по мерам и весам в 1960 г.:

- **ампер** (А) — единица измерения электрического тока;
- **килограмм** (кг) — единица измерения массы;
- **метр** (м) — единица измерения длины;
- **секунда** (с) — единица измерения времени;
- **кельвин** (К) — единица измерения; термодинамической температуры (кельвин эквивалентен одному градусу Цельсия, но начальная точка находится на абсолютном нуле, что эквивалентно минус 273,15 градусов по Цельсию);
- **кандела** (кд) — единица измерения яркости света;
- **моль** (моль) — количество любого вещества, которое содержит то же количество элементарных частиц (таких как атомы, ионы или молекулы), как 12 г углерода-12. Оно равно постоянной Авогадро: 6,02014129(27) x 10^{23} атомов/молекул.

Существует гораздо больше единиц СИ, которые определяются в терминах базовых единиц. Некоторые привычные нам единицы измерения, такие как час, литр и тонна, не являются единицами СИ.

Двадцать официально одобренных префиксов используются с единицами СИ:

Множитель	Наименование	Символ
10^{24}	иотта	И
10^{21}	зетта	З
10^{18}	экса	Э
10^{15}	пета	П
10^{12}	тера	Т
10^{9}	гига	Г
10^{6}	мега	М
10^{3}	кило	к
10^{2}	гекто	г
10^{1}	дека	да

Множитель	Наименование	Символ
10^{-1}	деци	д
10^{-2}	санти	с
10^{-3}	милли	м
10^{-6}	микро	мк
10^{-9}	нано	н
10^{-12}	пико	п
10^{-15}	фемто	ф
10^{-18}	атто	а
10^{-21}	зеппо	з
10^{-24}	иокто	и

На практике, мы измеряем время не в мегасекундах, а в месяцах и годах.

Насколько стандартен стандарт?

Инструменты для измерений должны калиброваться в соответствии с определенным стандартом, который, соответственно, должен быть абсолютно неизменен. Это звучит как само собой разумеющееся, но все не так просто. Деревянная линейка может уменьшиться и искривиться, так как дерево усыхает; даже стальная рейка расширится при нагревании и сожмется на холоде.

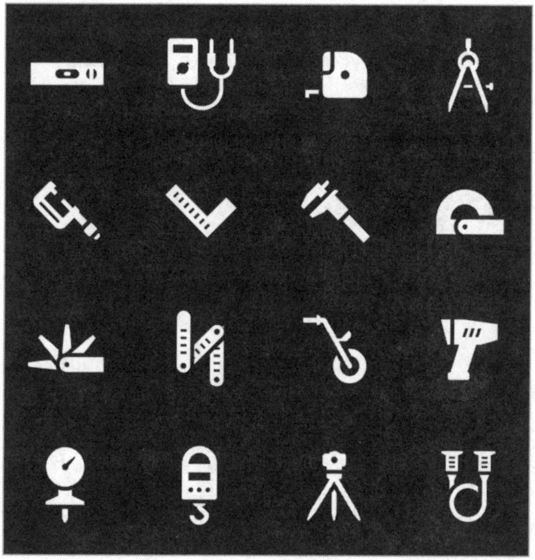

Сегодня только килограмм по-прежнему определяется через физический эталон, созданный человеком. Другие единицы СИ определяются через неизменные свойства Вселенной. Например, длительность секунды равна «9 192 631 770 периодам излучения, соответствующего переходу между двумя сверхтонкими уровнями основного состояния атома цезия-133».

Итак, какова длина?

Единицы измерения, которые мы используем в повседневности чаще других, — это, вероятно, меры длины.

Большинство из нас обычно имеет дело с измерениями от нескольких миллиметров до сотен или даже тысяч километров, следовательно, мы используем миллиметры, сантиметры, метры и километры. Но это лишь небольшая часть всего ряда.

Определение метра

Первоначально метр был определен как 1/10 000 000 часть половины меридиана (который сам есть половина расстояния вокруг Земли от Северного до Южного полюса), как он был измерен в 1795 г. Метр был рассчитан с точностью до половины миллиметра. Он был представлен

как эталон в Париже в виде платинового стержня, выполненного с точностью до одной сотой миллиметра. В 1960 г. метр был отнесен к нефизическим стандартам и сейчас определяется как расстояние, проходимое светом в вакууме за 1/299 792 458 секунды — это наводит на мысль, что, возможно, лучше переопределить длину метра как путь, проходимый светом за 1/300 000 000 секунды, но мы уже проделали такой долгий путь со старым метром.

Если длина веревки — это сантиметры, метры или даже километры, прекрасно, но если ее растянуть от нас до Нептуна, может, лучше измерить ее в а.е. — *астрономических единицах* (не СИ). Астрономическая единица — это среднее расстояние от центра Земли до центра Солнца, или 149 597 870 700 м.

За пределами Солнечной системы единицы измерения становятся еще больше. Астрономы используют единицы, которые были бы абсолютно бесполезны на Земле.

Световой год (св.г.) — это расстояние, которое свет проходит за год: 9 460 000 000 000 км. Световые годы не очень подходят для измерений внутри Солнечной системы. Лучше использовать *световые минуты* (расстояние, которое проходит свет за минуту) и *световые часы*. Земля находится в 499 световых секундах от Солнца; это означает, что свету нужно 8 минут и 19 секунд, чтобы достичь Земли. Если Солнце сейчас взорвется, у вас будет только восемь минут блаженного неведения, прежде чем вы узнаете об этом. Нептун находится в 30 а.е. или 4,1 светового часа от Солнца.

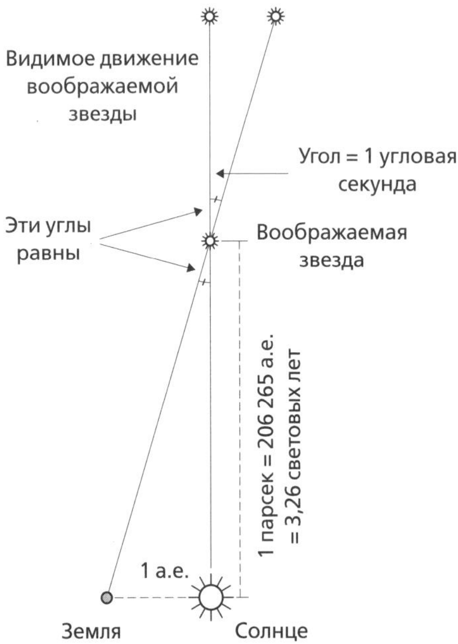

Астрономы вообще-то не любят световые годы — это единица звучит не очень научно. Они предпочитают использовать *парсеки*. Это наименование — сокращение от «параллакс одной угловой секунды». Парсек равен 3,26 световым годам или 206 265 астрономическим единицам.

Хотя мы не говорим — кило-а.е. или кило-световые годы, мы говорим — кило- и мегапарсеки. *Мегапарсек* — это

БЕЗКОНТРОЛЬНАЯ ЕДИНИЦА

В 2001 г. американский студент Остин Сендек предложил префикс «гелла» для обозначения октилиона (10^{27}) в единицах СИ. Консультативный комитет по единицам рассмотрел и отклонил предложение, но с тех пор этот префикс приняли к употреблению на некоторых сайтах, включая гугл-калькулятор.

миллион парсеков, или около 200 миллиардов расстояний от Земли до Солнца, а *гигапарсек* — это миллиард парсеков. Диаметр видимой части Вселенной равен, таким образом, 28 гигапарсекам. Маловероятно, что нам когда-либо понадобятся единицы измерения больше, чем гигапарсек. Моток веревки не будет настолько длинным.

А если она короткая?

Если кусок веревки суперкороткий, мы сможем измерить его в ангстремах (Å); 1 Å — это 10^{-10} м, или одна миллиардная метра. Расстояние между центрами двух атомов углерода в алмазе около 1,5 Å.

Большая часть атома — это пустота. Хотя диаметр атома углерода, вероятно, равен 1,5 Å, диаметры протонов и нейронов

МЕТР НЕДОСТАТОЧНО ХОРОШ

Когда Андерс Ангстрем разработал свою единицу измерения в 1868 г., стандартом метра был платиновый стержень, хранящийся в Париже. Если имеешь дело со столь малой единицей, что в ней можно измерить расстояние между атомами, металлический стержень — не лучший эталон. Что если несколько лишних атомов прилипнут к одному из концов? Вначале Ангстрем получил ошибку в результатах, в следствие чего он проверил свой металлический эталон на соответствие парижскому. Сравнение было не очень точным, и его корректирующие вычисления дали результат хуже первоначальных (1795). В 1907 г. единица ангстрем была переопределена через длину волны красной линии спектра кадмия в воздухе, которая эквивалентна 6438,46963 ангстремов.

в ядрах равны около 1,6 x 10^{-15} м, или 1,6 фемтометров. Остальное пространство случайным образом «патрулируется» электронами. Известно, что диаметр электрона находится в диапазоне между 2 x 10^{-15} м и 10^{-16}, но вообще-то это не совсем так, ибо считается также, что электрон не имеет четко выраженной пространственной протяженности, то есть не занимает места вообще. Если бы у вас была линейка с фемтометрами в качестве делений, вы бы смогли попробовать измерить ядро атома и электроны.

Короткая или суперкороткая

Отлично, но что если бы у вас была линейка длиной всего в одну тысячную фемтометра, аттометровая линейка, размеченная на зептометры (одна тысячная аттометра)? Что можно было бы измерить? Вы могли бы измерить крупные кварки (тип субатомных частиц), но верхние кварки меньше зептометра (10^{-21} м), так что

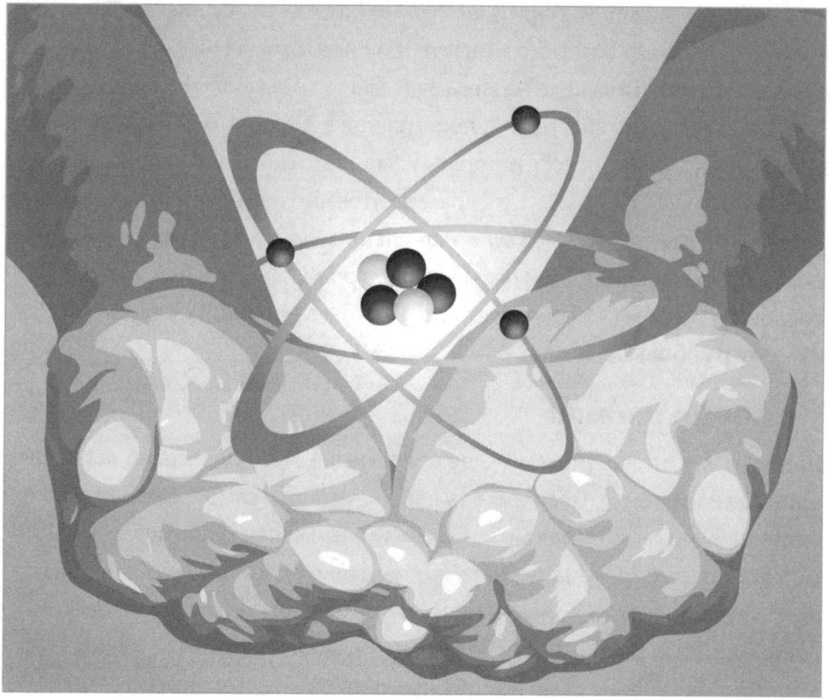

вам понадобится новая линейка, зептометровая, размеченная на иоктометры. (Если вы представите себе фемтометровую линейку длиной в километр, иоктометровая будет равняться одной миллионной миллиметра — а ведь фемтометр сам по себе меньше ядра атома).

Теперь мы можем измерить *нейтрино* (другой тип субатомной частицы), диаметр которого — всего один иоктометр (10^{-24}). И снова, эта частица на самом деле не занимает места в том смысле, как мы это представляем, это лишь радиус пространства, в котором действуют его силы. (Представьте способ, которым измеряется ширина урагана: нет никакого физического объекта урагана, обычно измеряется площадь, на которой он действует. А это супер-крошечный ураган.) Размер нейтрино равен одной миллиардной размера электрона, т. е. если нейтрино был бы размером с яблоко, электрон был бы величиной с Сатурн, или в десять раз больше Земли.

На конце шкалы

Нам не известны частицы меньше иоктометра — но существует меньшая единица измерения. Планковская длина считается самой маленькой единицей длины, которая может существовать. Хотя теоретически мы может продолжать придумывать все меньшие единицы, но они не будут иметь практического применения. При размерах меньше планковской длины, которая равна 10^{-35} м, не применимы законы физики, таким образом, измерение само по себе становится невозможным. Единственная вещь, которая может быть измерена в планковских длинах — это квантовая пена и струны в царстве теоретической физики (если они, конечно, существуют). Если бы яблоко имело диаметр, равный одной планковской длине, электрон имел бы диаметр больше 10 световых лет, а атом углерода был бы больше видимой части Вселенной.

Струны и Вселенная

Теория в современной физике утверждает, что все — все субатомные частицы и, следовательно, все, построенное из них, — образовано тонкими вибрирующими струнами энергии. Эти струны очень и очень крошечные. Они измеряются планковскими длинами. Если бы один атом водорода был размером с видимую Вселенную, струна имела бы размер дерева. Вряд ли наша веревка будет длиной со струну.

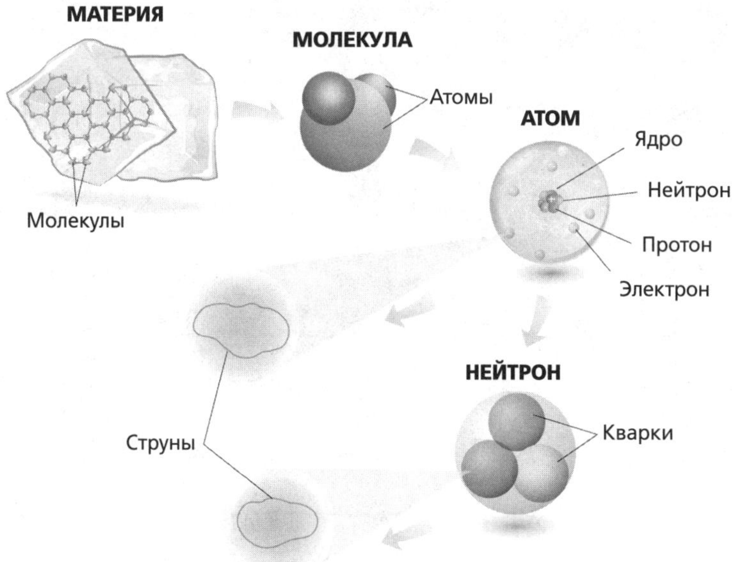

Глава 16

Насколько ваш ответ верен?

Вы не будете измерять кита в миллиметрах,
а атом — в километрах.

У нас есть множество различных единиц измерения (*см. главу 15*), так что мы можем выбрать, которая больше подходит в зависимости от того, что мы собираемся мерить.

Выбор единицы...

Если единица измерения слишком велика для элемента, который вы измеряете, это приведет либо к неудобным десятичным дробям, либо к неточности. Предположим, высота собаки 69 см. Это подходящая единица измерения. Мы не говорим, что высота собаки 0,0069 км. Объем Тихого океана около 660 миллионов кубических км, но мы не покупаем молоко кубическими километрами. Для ориентира: если после или до интересующих вас (значимых) цифр много нулей, вероятно, вам следует выбрать другую единицу измерения.

Счет и вычисления

Счет — это просто: мы легко можем посчитать, сколько людей в комнате или сколько машин на парковке. Но сложно считать очень большие ли нестабильные количества, или

нечетко обозначенные. Вы не сможете посчитать песчинки на пляже по трем причинам: их слишком много, их количество меняется из-за приливов и перемещений по пляжу, четкие границы пляжа отсутствуют. Где вы начнете и где закончите считать? И насколько глубоко вы закопаетесь, прежде чем перестанете называть это «пляжем»?

Чтобы найти число в этих обстоятельствах, мы можем прибегнуть к вычислениям или приблизительным оценкам. Если известно, что многоуровневая парковка заполнена, и в ней десять одинаковых по плану этажей, мы можем посчитать машины на одном этаже и умножить на десять, чтобы выяснить, сколько машин на парковке. Вероятно, ответ будет очень точным. Если на каждом этаже по 80 мест, на заполненной парковке может находиться 800 машин или, в редкие дни, 798 или 799, если одна или две машины неаккуратно припаркованы.

Вычисления и приблизительная оценка

Как насчет конфет в банке? Угадывание — обычное испытание на празднике или на ярмарке.

Проще всего, если конфеты одинакового размера и формы (предпочтительно сферы или кубы), а банка имеет одинаковую ширину по всей высоте. Количество конфет в банке будет близко к количеству конфет в одном слое, умноженному на количество слоев конфет сверху донизу. Не беспокойтесь о приведении к стандартным единицам измерения; конфета — лучшая единица в этом случае.

Для круглой банки посчитайте (или угадайте, если вы не хотите выглядеть, как зануда или жулик) количество конфет в столбце сверху донизу и количество конфет в ряду, который огибает банку (или полпути вокруг и удвойте). Затем используйте эту формулу, где h — это высота в конфетах, а c — окружность банки в конфетах:

$$(c/2)^2 \times \pi \times h = \text{объем в конфетах}$$

Сложнее провести качественные приблизительные подсчеты, если в банке смесь конфет разных размеров и форм (полидисперсные частицы на языке науки), или если банка довольно маленькая или необычной формы. Существуют способы вычислений, созданные учеными, разрабатывавшими методы для вычислений плотности заполнения пространства полидисперсными частицами, но это несколько выходит за пределы просто игры на празднике. Вы можете сделать честную оценку, посчитав несколько рядов и столбцов конфет, вычислить среднюю величину и использовать в формуле.

(Это игра, похоже, уже выходит из моды — сейчас каждый может воспользоваться приложением на смартфоне, чтобы вычислить количество конфет в банке.)

Выборка

Но конфеты хотя бы не выскакивают наружу, не забираются обратно и не бродят по банке. Они не прячутся от вас. А что, если вы захотите вычислить, сколько грачей живет в роще? Они прилетают и улетают, прячутся в своих гнездах, и их довольно много. Пожалуй, лучше всего будет выбрать для наблюдения несколько деревьев и провести экстраполяцию, умножив приблизительно подсчитанное количество грачей на приблизительно подсчитанное количество деревьев.

Метод выборки используют в опросах, чтобы предсказать результаты голосования или прикинуть такие цифры, как потребление алкоголя или расстояние, которое люди тратят на дорогу до работы. Чтобы

получить результат, который можно считать надежным и статистически полезным, приблизительные подсчеты на базе выборки должны опираться на репрезентативную выборку подходящего размера. Если вы хотите прикинуть количество вегетарианцев в Канаде, вы не получите надежного результата, если в вашей выборке 15 человек из дома престарелых или если в ней 100 девушек из университетского общежития.

Найдите нужных людей

Чтобы быть репрезентативной, выборка должна быть достаточно большой и разнообразной, чтобы отражать состав населения. Так, чтобы представить население Канады, исследование должно включать мужчин и женщин всех возрастов, этнических, социальных и экономических групп примерно в тех же пропорциях, в которых они представлены во всей Канаде целиком. Это называется *демографический состав*.

Выяснить подходящий размер выборки — это техническая процедура, о которой вам придется узнать, если вы действительно собираетесь проводить исследование самостоятельно. Если вы просто читаете о результатах исследования в газете, обратите внимание на размер выборки и демографический состав, чтобы составить первичное мнение о надежности результатов. В целом, чем больше людей попало в выборку, тем больше можно доверять результатам, но только если исследователи позаботились сделать выборку репрезентативной.

В таблице на соседней странице в общих чертах показано, насколько можно доверять результатам, исходя из размеров выборки и численности населения. Например, если численность населения больше миллиона (как в Канаде), чтобы получить результат с пределом погрешности всего 1% (т. е., ±1% точности в ответе), вам понадобится опросить 9513 человек. Тогда вы можете быть уверены в результате на 99%. И снова, использование репрезентативной выборки является решающим фактором. Если вы хотите узнать о диетических пристрастиях населения Канады, выборка из индусов (преимущественно вегетарианцев) или лесорубов (преимущественно мясоедов) не даст надежного ответа.

Население	Предел погрешности			Уровень доверия		
	10%	5%	1%	90%	95%	99%
100	50	80	99	74	80	88
500	81	218	476	176	218	286
1000	88	278	906	215	278	400
10 000	96	370	4900	264	370	623
100 000	96	383	8763	270	383	660
1 000 000+	97	384	9513	271	384	664

Значимые цифры

Маркером топорности в процессе обработки или изложения статистических данных является ложный уровень точности, который проявляется в предоставлении более *значимых цифр*, чем это возможно. Значимые цифры — это цифры, которые имеют значение, демонстрируют подлинные детали в числах — в них нет нулей, которые просто заполняют место. Число 103,75 имеет пять значимых цифр, самая значимая из которых — 1, так как она показывает, что это число — 100 с чем-то. Число 121 000 имеет только три значимых цифры — если только это действительно не ровно 121 000.

Мы обозначаем границы значимых цифр, когда округляем к большему или меньшему. Если результат вычислений не должен быть очень точным, логично будет округлить его до числа, которое будет приблизительно верным. Предположим, вы считаете песчинки чайной ложкой, и вычислили, что в контейнере 445 341 909 песчинок. Это число точное, но не похоже, что оно соответствует действительности. Будет логичнее округлить число до 450 000 000 или до 400 000 000, так как вы не можете быть точны в пределах 50 000 в вычислениях такого рода. Численность населения планеты, которую невозможно подсчитать точно и которая постоянно изменяется, обычно округляют до 7 миллиардов. Последняя оценка (в 2015) — 7 324 782 000. Более точные цифры будут лишь указывать на то, что мы претендуем на знание, которое невозможно.

Иногда вычисления дают результат с большим количеством значимых цифр, чем стоит показывать. Предположим, вы хотели узнать площадь круглого ковра с диаметром 120 см. Уравнение для площади круга — πr^2, а поскольку радиус круга — 60 см, площадь

ТОЧНОСТЬ «ПИ»?

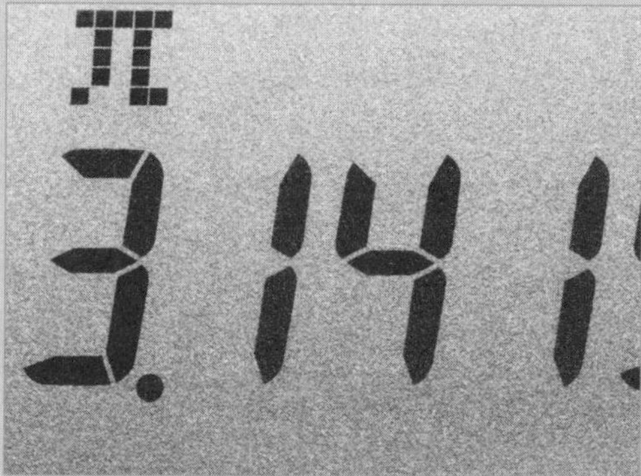

Пи (символ π) — это иррациональное число, а значит, цифры после десятичного разделителя продолжаются и продолжаются в бесконечной последовательности.

Хотя компьютеры вычислили число π до миллиардного знака после запятой, математики считают, что обычно нет смысла в использовании больше 39 десятичных знаков, так как этого достаточно, чтобы вычислить объем известной Вселенной с точностью до размера атома.

равна 11 309,7336 см^2. В большинстве случаев будет достаточно сказать о 11 300 см^2. В любом случае, не следует включать цифры после десятичного разделителя, так как радиус ковра не был измерен с этим уровнем точности. Их включение предполагает больший уровень точности, чем на самом деле был достигнут.

Глава 17

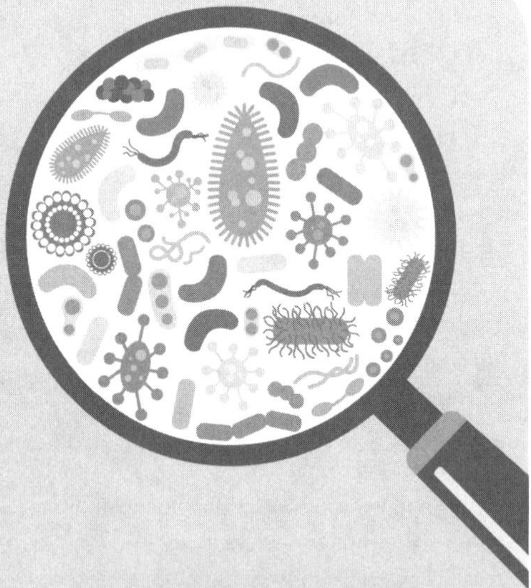

Мы все умрем?

Пандемии — это ужасно.

Пандемия — это эпидемия, которая распространяется на целый континент или даже по всему миру.

Чума на оба ваших дома

Самая известная пандемия — Черная смерть, которая в 1346–1350 гг. убила около 50 миллионов человек в Азии, Европе и Африке. Большинство историков медицины считает, что это была особая форма чумной палочки *Yersinia pestis*, бактерии, вызывающей бубонную чуму. Следующая крупная пандемия была вызвана новым штаммом гриппа в 1918–1919 гг. Она распространилась по всему миру, убив 50–100 миллионов человек. Число, сопоставимое с количеством погибших от Черной смерти, но численность населения планеты в 1918 г. была значительно больше (около двух миллиардов), чем в 1346 г. (около 400 миллионов). Может ли это случиться снова?

Стоит ли нам бояться?

Немного обнадеживает, что глобальные пандемии такого масштаба случились лишь дважды. Но мир изменился за последние 100 лет. С современной системой и скоростями международного сообщения, Черной смерти понадобилось бы всего несколько недель или месяцев, чтобы распространиться по всему Земному шару, а не годы, как в Средние века, когда никто не мог перемещаться быстрее, чем лошадь (которая чаще не скакала, а еле плелась). Теперь математика совсем другая.

Путь к успеху для патогенов

Эпидемические и пандемические заболевания, такие как грипп или бубонная чума, вызываются патогенами — обычно бактериями или вирусами. Чтобы стать причиной эпидемии, патогену необходимо:

- легко передаваться от человека к человеку
- передаваться до того, как человеку станет настолько плохо, что он не сможет выходить и вступать в контакты с другими потенциальными жертвами
- позволять людям жить достаточно долго, чтобы увеличить количество зараженных

В идеале, патогену необходимо знать математику, чтобы все правильно спланировать.

Снова, и снова, и снова — скорость воспроизводства

Критическим числом в определении, может ли случиться эпидемия, является основное репродуктивное число инфекции, обозначаемое как R_0. Оно показывает, сколько человек может заразить один инфицированный индивидуум в течение активного периода заболевания, то есть пока он либо не умрет, либо не победит инфекцию и больше не будет ее носителем. Чем больше R_0, тем больше шансы патогена вызвать пандемию. В простой модели, если $R_0 < 1$, эпидемии не будет, а если $R_0 > 1$ — эпидемия будет, хотя на практике все несколько сложнее. R_0 можно вычислить, собрав данные об отдельных случаях и проследив их контакты и количество зараженных, или собрав данные о распространении инфекции в целой популяции. Эти два метода часто дают различные результаты, что делает эпидемиологию (учение об эпидемиях) довольно противоречивой.

Для вычисления R_0:

$$R_0 = \tau \times \bar{c} \times d$$

τ — это коэффициент передачи, т. е. вероятность заражения, когда зараженный человек находится в контакте с восприимчивым индивидуумом. Если зараженный человек имел контакты с четырьмя индивидуумами и один из них заразился, заразность — 1 к 4, или 1/4.

$\bar{c}$ — это среднее число контактов между восприимчивыми и зараженными людьми, делим контакты на время. Если между зараженным и восприимчивым индивидуумами за неделю происходит 70 контактов, уровень контактов в день 70/7 = 10.

d — продолжительность заразности, т. е. сколько времени некто остается заразным (в тех же единицах измерения, в которых было вычислено $\bar{c}$).

Если заболевание делает человека заразным на четыре дня, коэффициент передачи — 1/4 и уровень контактов — 10, тогда:

$$R_0 = 1/4 \times 10 \times 4 = 10$$

Этот патоген имеет высокий шанс инфицировать множество людей!

Другой важный фактор — сколько человек восприимчиво. Люди не восприимчивы, если у них сформирован иммунитет: либо они уже переболели конкретной инфекцией, либо были вакцинированы против нее. К новому штамму или инфекции, вероятно, восприимчивы будут все, что сильно упростит распространение инфекции.

Общим правилом считается, что чем выше значение R_0, тем сложнее контролировать распространение инфекции. Так как существует множество способов подсчитать R_0 (некоторые для полевых условий, а некоторые — теоретические), цифры не очень достоверны. Но это лучшее, что у нас есть.

БУДЬ НАСТОРОЖЕ – БОЛЕЗНИ КРУГОМ

Приблизительные значения R_0 некоторых распространенных эпидемических заболеваний:

Заболевание	R_0
Корь	12–18
Коклюш	12–17
Дифтерия	6–7
Полиомиелит	5–7
Атипичная пневмония	2–5
Грипп (пандемия 1918)	2–3
Эбола (вспышка 2014)	1,5–2,5

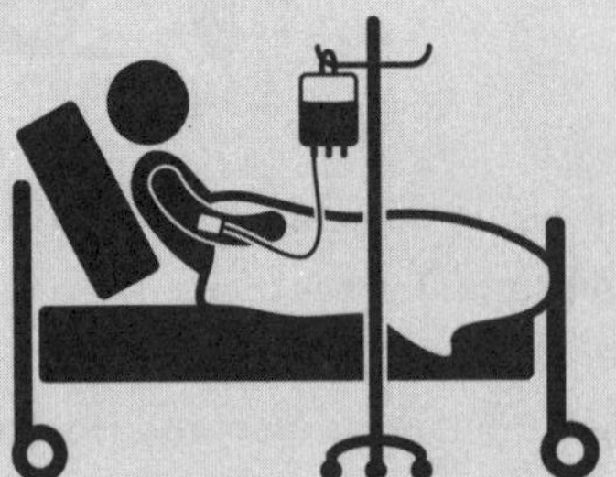

Мы — не числа

Число R_0 может быть только приблизительным. Обычно оно базируется на предположении, что население и количество контактов в нем *гомогенны* (равномерно распределены). Но такое редко встречается в реальности, потому что одни люди оказываются восприимчивее других. Например, некоторые люди будут пересекаться с большими, но негомогенными группами, такие как учителя, которые находятся в контакте с группами детей, или пожилые люди, которые живут в домах престарелых. Те же, кто живут одни или в изолированном сообществе, будут иметь ограниченное количество контактов.

Все меняется

Значение R_0 заболевания меняется в течение эпидемии или пандемии. Две переменных в уравнении, коэффициент передачи и уровень контактов, зависят от числа восприимчивых индивидуумов. Заболевание продолжает функционировать как эпидемия, пока число восприимчивых индивидуумов не упадет; люди больше не восприимчивы, поскольку уже заболели и выздоровели (либо умерли).

Вначале все контакты инфицированных индивидуумов — с восприимчивым (при отсутствии вакцинации) населением:

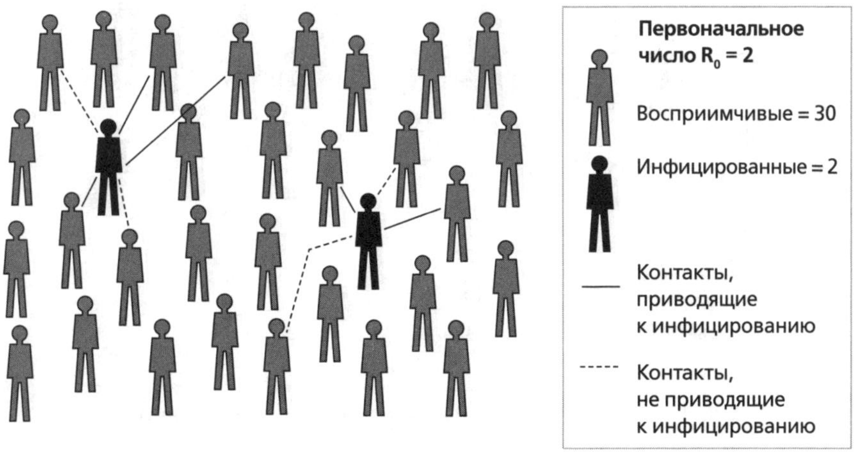

По мере распространения инфекции многие из контактировавших заболели и, следовательно, больше не являются восприимчивыми:

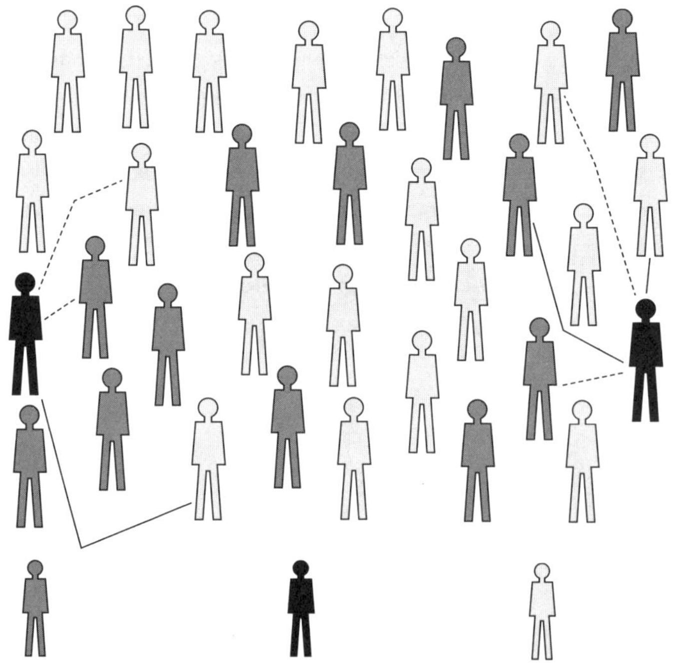

Число R_0 будет меньше. Рано или поздно оно упадет ниже единицы, и эпидемия закончится.

Сделай прививку!

Работа вакцины заключается в сокращении числа восприимчивых индивидуумов в популяции. Если большая часть населения вакцинирована, вероятность того, что инфицированный человек войдет в контакт с восприимчивым индивидуумом, не велика, и эпидемия не сможет начаться. Это называется *иммунитет населения*, он помогает защитить тех, кто не может сделать прививку (потому что у них рак или ВИЧ, например). Таким образом, уменьшается вероятность того, что они войдут в контакт с инфицированным человеком, поскольку у большинства, кого они встретят, будет иммунитет. Если они столкнутся с заболеванием, у них не будет собственной защиты против него, следовательно, чем выше иммунитет населения, тем они в большей безопасности.

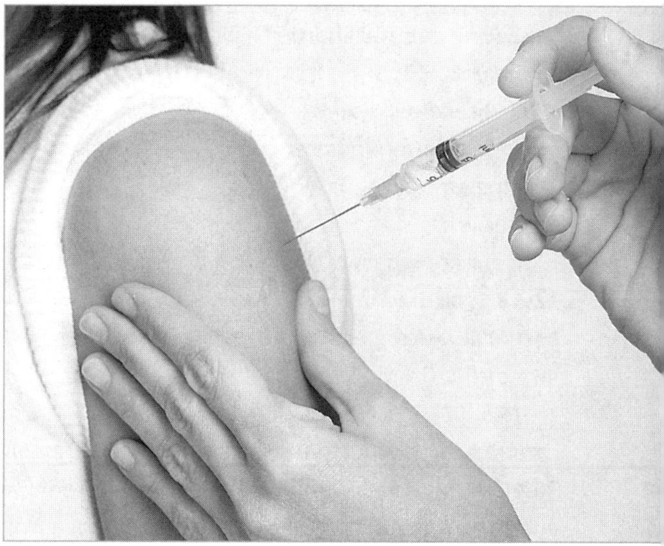

Если бы вакцина была на 100% эффективна в предотвращении заболевания, долю людей в популяции, которую нужно было бы привить для предотвращения эпидемии, ориентировочно можно было бы представить таким выражением:

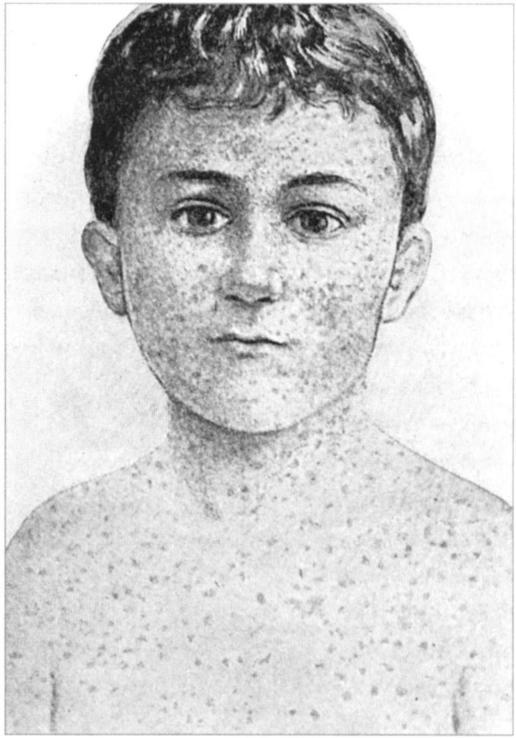

$$1 - 1/R_0$$

Это означает, что если бы существовала угроза эпидемии смертельного гриппа с $R_0 = 3$, то $1 - 1/3 = 2/3$ населения нужно было бы вакцинировать для предотвращения эпидемии.

R_0 для кори равно 12–18. Для простоты воспользуемся средним числом 15. Получим $1 - 1/15 = 14/15$ или 93% населения должно быть привито, чтобы остановить распространение кори среди населения. Около 20% американцев ошибочно полагают, что вакцинация может вызвать аутизм, и по этой причине некоторые отказываются прививать

своих детей. В США в 2015 году количество привитых в соответствии с графиком составляло 91,1% населения, но в некоторых регионах этот процент опускается до 81% для дошкольников, что делает эти регионы более уязвимыми для эпидемии кори.

Глава 18

Где инопланетяне?

Очевидно, что мы не единственные разумные существа во Вселенной, но если это так, где же все?

Взгляните на наш уголок Вселенной: считается, что в Галактике Млечный Путь — 300–400 миллиардов звезд. И при этом наша галактика даже не крупная: гигантские эллиптические галактики содержат около 100 триллионов звезд каждая. С более чем 170 миллиардами (предположительно) галактик в видимой части Вселенной, там должно быть от 10^{22} до 10^{24} звезд. Даже 10^{22} звезд — это 10 000 звезд на каждую песчинку на всех пляжах мира, а 10^{24} — это 1 000 000 звезд на каждую песчинку. Будет удивительно высокомерно предположить, что мы настолько особенны, что не существует другой технологически развитой цивилизации во Вселенной 10^{22} звезд.

Видимая часть Вселенной

Видимая Вселенная — это сфера около 92 миллиардов световых лет в диаметре с планетой Земля в центре. За ее пределами, возможно, существует множество Вселенных, но мы не можем знать об этом, поскольку их свет еще не достиг нас, хотя прошло 13,8 миллиарда лет. Может статься, мы ничего не знаем о большей части Вселенной. Вероятность того, что мы по случайному стечению обстоятельств находимся прямо в центре сферической Вселенной, крайне мала.

Итак, очень вероятно, что разумные существа существуют где-то во Вселенной, но они могут находиться слишком далеко, чтобы войти с нами в контакт, даже если

РАЗМЕР И СКОРОСТЬ СВЕТА

Радиус видимой части Вселенной больше, чем 13,8 миллиардов световых лет, хотя считается что возраст Вселенной — 13,8 миллиардов лет. Это происходит потому, что расширение пространства непрерывно выталкивает самые дальние части все дальше. Свет, который отправился в свое путешествие 13,8 миллиардов лет назад, пришел от объектов, которые сейчас находятся примерно в 46 миллиардах лет от нас.

«Разумная жизнь во Вселенной? Гарантированно. Разумная жизнь в нашей галактике? Чрезвычайно вероятна, самый благоприятный прогноз».

Пауль Хоровиц, глава проекта SETI (Поиск внеземного разума, 1996)

они хотят этого. Но как насчет возможности разумной жизни на 300–400 миллиардах звезд, которые образуют нашу галактику? Это вопрос, на который мы, вероятно, способны когда-нибудь найти ответ.

Парадокс Ферми

Итальянский физик Энрико Ферми (1901–1954) в 1950 г. заметил, что если разум распространен во Вселенной, почему у нас до сих пор не было контактов и мы не получили ни одного свидетельства существования инопланетян? Этот вопрос до сих пор беспокоит астрономов, он породил много теорий о барьерах технологического развития или видах эволюции и выживания, а также с новой силой поднял старый вопрос: а может, мы действительно особенные?

Уравнение Дрейка

Уравнение Дрейка — это попытка установить параметры для вероятности разумной жизни за пределами Земли, но в нашей галактике. У нас пока нет данных, чтобы заменить все переменные числами, но оно дает возможность сделать вычисления, если у нас будут нужные данные. Существует несколько различающихся между собой версий. Самая интуитивно понятная версия выглядит так:

$$\mathbf{N = N* \times f_p \times n_e \times f_l \times f_i \times f_c \times f_L}$$

где:

N = количество цивилизаций, чьи электромагнитные излучения поддаются обнаружению в нашей галактике (т. е. те, которые находятся в нашем световом конусе, *см. схему*)

и

N* = количество звезд в галактике Млечный путь;

$\mathbf{f_p}$ = доля тех звезд, у которых есть планеты;

$\mathbf{n_e}$ = среднее число пригодных для жизни планет на планетарную систему;

f_l = доля планет, пригодных для жизни, которая рано или поздно начнет развиваться;

f_i = доля планет, где есть жизнь, которая продолжает развиваться в направлении разумности (цивилизации);

f_c = доля цивилизаций, развивающих технологии, которые облегчат обнаружение знаков их существования в космосе;

f_L = время существования способной к коммуникации цивилизации относительно времени существования планеты.

Хотя шансы на разумную жизнь выглядят сомнительно, помните, что мы начинаем с 300 или 400 миллиардов звезд нашей галактики, и очень возможно, что планеты вокруг

ПЛАНЕТОМАНИЯ

До недавнего времени мы не имели представления, есть ли планеты у других звезд нашей галактики. Но теперь поиск экзопланет (планет за пределами нашей солнечной системы) значительно продвинулся, и обнаружилось множество планет. К апрелю 2015 г. было известно более 1900 экзопланет в более чем 1200 различных планетарных системах. Это сильно обнадеживает.

звезд — это норма, а не исключение. Давайте поэкспериментируем с числами, абсолютно гипотетически.

Предположим, что 15% звезд в галактике похожи на Солнце и у них есть планеты (f_p). Это число находится между границами диапазона, предполагаемого современными исследователями, — 5–22%.

400 миллиардов x 0,15

В нашей планетарной системе, помимо Земли, Марс считается единственной планетой, которая была пригодна для жизни или имеет потенциал стать таковой. Примем $n_e = 2$:

400 миллиардов x 0,15 x 2

Многие ученые полагают, что жизнь на Земле началась только спустя миллиарды лет после ее образования или около того. Означает ли это, что жизнь появляется, если складываются подходящие условия?

Но мы не нашли жизни на других планетах и спутниках, которые выглядели так, будто пригодны для жизни. Это говорит о том, что жизнь, скорее всего, не появляется так легко. Мы не знаем. Оценка того, насколько вероятно рождение жизни, может варьироваться от 100% (если жизнь может появиться — она появится) до близкой к 0 (рождение жизни — крайне редкое явление). Давайте выберем число между ними, например 10% (f_l):

400 миллиардов х 0,15 х 2 х 0,1

На скольких из этих планет жизненные формы разовьются до разумных (f_i)? Очень сложно угадать. Некоторые ученые считают разум настолько полезным, что его появление гарантированно, т. е. близко к 100%. Другие думают, что это крайне редкое явление. Давайте выберем 1%:

400 миллиардов х 0,15 х 2 х 0,1 х 0,01

Теперь эксперимент становится совсем умозрительным. Мы не имеем понятия, насколько вероятно то, что разумные существа построят технологическую цивилизацию и произведут электромагнитные сигналы, которые можно обнаружить (f_c). Это может быть 1 к 10 или 1 на миллион. Давайте остановимся на 1 к 10 000.

400 миллиардов х 0,15 х 2 х 0,1 х 0,01 х 0,0001 = 12 000

Итак, мы получили 12 000 цивилизаций в нашей галактике, способных продуцировать сигналы, которые мы можем обнаружить.

Это выглядит многообещающе, но, что важнее, они должны пересечься с нами по времени существования — или лучше, прибытие сигнала должно совпасть по времени с нашим существованием — и теперь портится вся картина.

Если цивилизация сохраняет способность к электромагнитной активности в течение 10 000 лет (продолжительность существования человеческой цивилизации до настоящего времени), а планета живет 10 миллиардов лет, тогда f_L равен:
$10^3 \div 10^9 = 1/10^{-6}$

$12\ 000 \times 10^{-6} = 0{,}012$

Таким образом, мы имеем 98,8% вероятности, что сейчас никто нас не слушает и не посылает сигналов в нашей галактике.

Конечно, все наши цифры были умозрительны и могут быть абсолютно ошибочными. Если у половины всех звезд есть планеты, пригодные для жизни, если жизнь точно появится и в конце концов станет разумной, если 10% разумных существ будут способны к электромагнитной коммуникации и если самые успешные виды, как акулы, например, будут существовать на протяжении 350 миллионов лет, результат будет совсем другим: теперь у нас 14 миллиардов контактных форм жизни! Это более чем в триллион раз больше, чем при выборе более умеренных цифр.

В сети представлены разнообразные интерактивные калькуляторы уравнения Дрейка. Если хотите, можете поэкспериментировать с разными вариантами заселения Вселенной.

НЕ ГОТОВЫ

Жаль, что первым сигналом, переданным с достаточной силой, чтобы покинуть земную ионосферу, была речь Гитлера на открытии Берлинской Олимпиады в 1936 г. Возможно инопланетяне смотрели эту передачу и решили, что мы не являемся цивилизацией, достойной контактов, по крайней мере, на ближайшие пару тысяч лет.

Глава 19

Что особенного в простых числах?

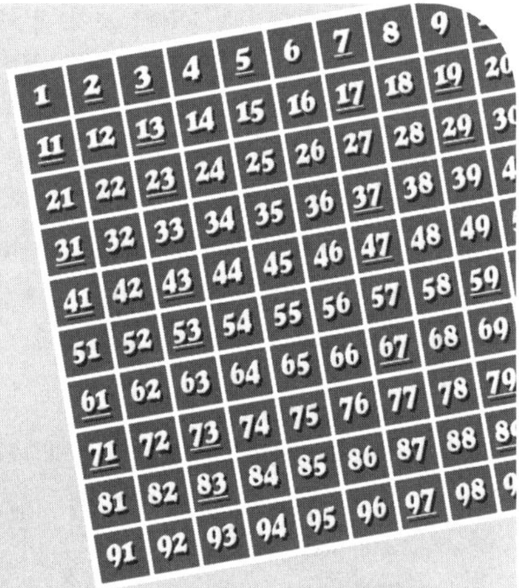

Простые числа намного полезнее, чем вы можете подумать, полагая их чисто умозрительными конструктами.

Простые числа — те числа, которые делятся без остатка только на само себя и 1. Это означает, что простое число нельзя представить в виде произведения (состоящего только из целых положительных чисел), кроме как:

[простое число] x 1 = [простое число]

Простые и составные

Составные числа — это числа, у которых есть делители, кроме самих себя и 1. Таким образом, все целые положительные числа, кроме 0 и 1, — либо простые, либо составные. Любое составное число можно представить в виде произведения простых сомножителей, то есть его можно разложить

ОСОБЫЕ СЛУЧАИ

Ноль и 1 не считаются простыми числами. На протяжении XIX в., многие математики считали единицу простым числом, но больше в научном сообществе это не принято.

Двойка – единственное четное простое число.

на множители, включающие только простые числа. Это наводит на мысль о важности простых чисел: это первичные блоки, из которых можно построить все остальные числа.

Распределение простых чисел

Теорема о распределении простых чисел, доказанная в XIX в., утверждает, что вероятность того, что случайным образом выбранное число *n* — простое, везде пропорциональна количеству цифр в нем, или логарифму *n*. Это означает, что чем больше число, тем меньше вероятность того, что оно будет простым.

Средний интервал между следующими друг за другом простыми числами к n приблизительно равен логарифму (*см. с. 59*) *n*, или ln(*n*).

Найти простое

Один из способов определения простого числа — «тест простоты». Если *n* — исследуемое число, то нужно попробовать разделить его на все числа больше 1 и меньше 1/2 *n*.

Самое большое обнаруженное простое число (на апрель 2015) содержит 17 425 170 знаков, это $2^{57\,885\,161} - 1$. Не стоит засиживаться до

«[Простые числа] растут среди натуральных чисел как сорная трава, не подчиняясь, кажется, ничему, кроме случая [но также] демонстрируют удивительную регулярность [и] подчиняются законам, и притом с почти педантичной точностью».

Дон Цагир, американский теоретик чисел (1975)

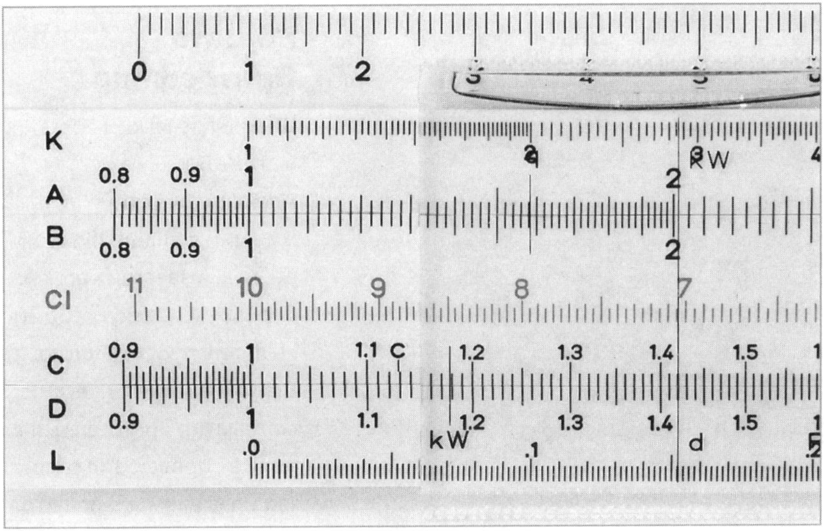

ночи, пытаясь выяснить следующее, если только вы не специализируетесь на этом, однако Фонд электронных рубежей (Electronic Frontier Foundation) назначил премию за первое простое число минимум в 100 миллионов знаков, а также за первое простое число минимум в пол миллиарда знаков.

Величайшие математические умы, а теперь еще и самые сложные компьютерные программы, давно пытаются найти закономерности в простых числах, но никакой предсказуемой закономерности до сих пор не было обнаружено.

Решето Эратосфена

Древнегреческий математик Евклид Александрийский, живший во II или III вв. до. н. э., известен нам как первый человек, который выделил простые числа. Другой древнегреческий математик Эратосфен, II в. до н. э., представил свое так называемое «решето» для установления простых чисел. Оно годится только для относительно малых чисел, но его просто использовать.

Нарисуйте таблицу с 10 колонками и столькими рядами, сколько вам нужно, чтобы вместить числа, которые вы хотите проверить: если вы хотите проверить числа до *n*, нужно сделать таблицу от 1 до *n*. Начиная с 4, продвигайтесь по таблице и вычеркивайте все, что делится на 2. Затем вычеркните все, что делится на 3, затем — на 5, затем — на 7 и т. д., прокладывая путь сквозь простые числа. Когда вы доберетесь до делителя 1/2 *n* – 1, можете остановиться, так как большие числа не могут быть делителем n или меньших чисел. Числа, которые не были зачеркнуты, — простые.

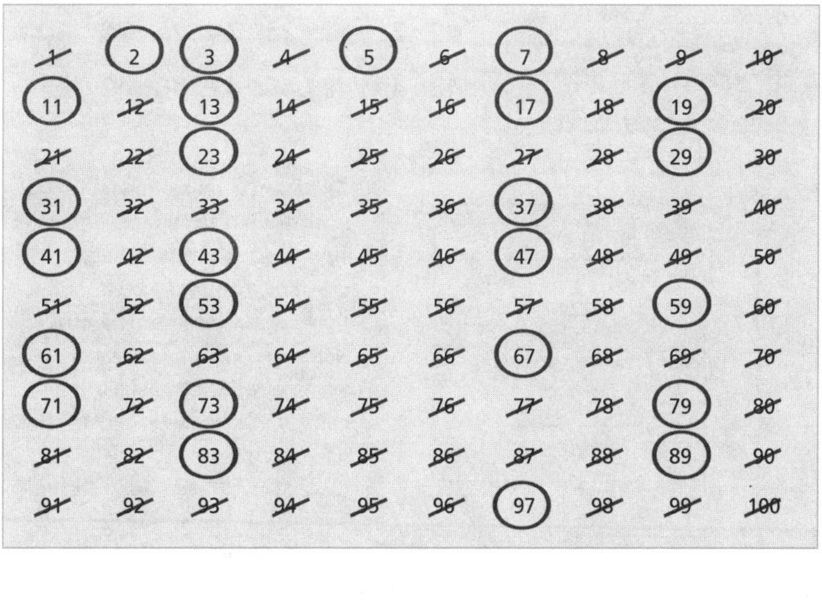

СПИРАЛЬ УЛАМА

В 1963 г. Станислав Улам машинально чертил какие-то схемы на скучной научной презентации, когда сделал поразительное открытие. Он нарисовал спираль из чисел, с 1 в центре (справа). Затем он выделил все простые числа (внизу).

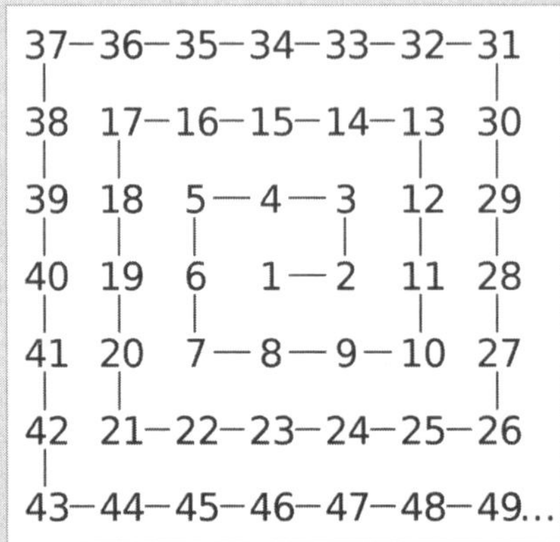

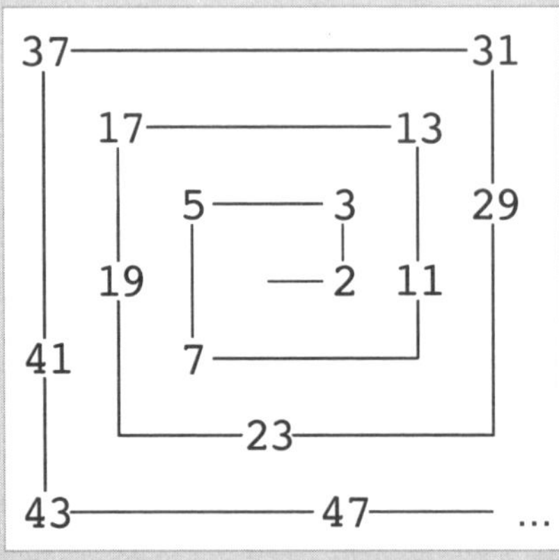

Он заметил тенденцию простых чисел выстраиваться в диагонали. И чем больше спираль, тем очевиднее становится закономерность. Некоторые выстраиваются также в горизонтальные или вертикальные линии, но не такой протяженности. Если использовать компьютерную программу, применяя белые пиксели для составных чисел

и черные для простых, диагонали в спирали Улама становятся более явными. Сравнение с диаграммой со случайным набором чисел показывает, что диагонали

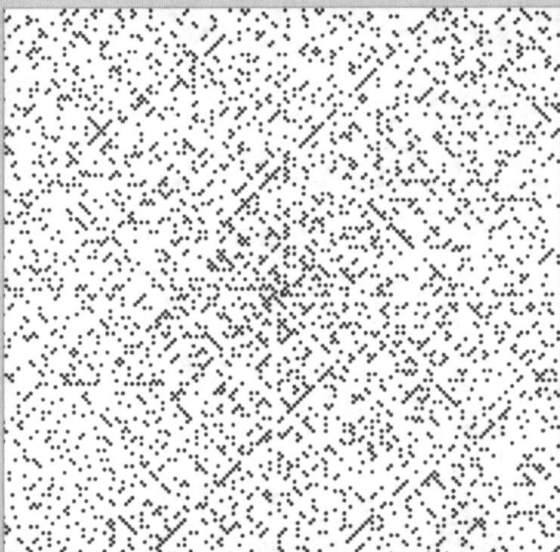

на самом деле есть. Это по-прежнему непредсказуемый узор, хотя очень соблазнительно предполагать, что здесь может быть какая-то закономерность.

Прискорбное пренебрежение

После Древней Греции и вплоть до XVII в. в интерес к простым числам почти отсутствовал. Даже в XVII в., простые числа не использовались нигде, кроме как в чистой математике, но ими, по крайней мере, стало позволительно поиграть. Они заняли свое законное место в компьютерную эпоху, с появлением необходимости в разработке шифровальных алгоритмов.

Есть работа

Простые числа пребывали в ленивом бездействии, пока не пришла необходимость в шифровании данных. Сейчас мы ежедневно посылаем несметное количество защищенных транзакций и других секретных данных через интернет, а простые

числа предоставляют аналог защищенных фургонов, в которых перевозят данные.

Начнем, перемножив два очень больших простых числа, чтобы получить составное число:

$$P_1 \times P_2 = C$$

Составное число используется для генерации кода, который называется открытый ключ, который банк (или кто-нибудь) посылает человеку, желающему зашифровать свои данные. Если вы покупаете что-нибудь онлайн, данные вашей кредитки должны быть зашифрованы с использованием этого публичного ключа, шифрование происходит на вашем конце связи. Зашифрованные данные окажутся пустым набор слов, если будут перехвачены в процессе передачи. Когда данные вашей карты прибывают на другой конец, закрытый ключ — созданный из P_1 и P_2 — используется для расшифровки.

Это работает, так как очень сложно найти простые числа, из которых было получено составное, когда речь идет о больших числах. Любому хакеру понадобится 1000 лет компьютерного времени, чтобы взломать код и найти первоначальные простые числа. Именно потому, что так сложно взломать современный шифр, правительства скорее действительно предпочтут, чтобы разработчики встраивали «бэкдор» в свои системы, что позволяет им порой следить за тем, что делают люди.

Глава 20

Каковы шансы?

Мы все ежедневно работаем с вероятностями, или, другими словами, с шансами и рисками, даже когда этого не осознаем.

Например, когда вы покупаете лотерейный билет или просто переходите дорогу — вы имеете дело с вероятностью.

Против ставок?

Вероятность — это суть азартных игр. Действительно, именно азартные игры подтолкнули к первой работе с вероятностью, математическим лицом шанса или риска. Владельцы казино или букмекеры должны достаточно хорошо представлять себе вероятность, чтобы большую часть времени оставаться в выигрыше, в противном случае они бы не получали прибыль. Но им приходится подавать шансы под таким соусом, чтобы они казались людям привлекательными. Есть несколько способов.

На скачках букмекеры показывают шансы лошадей, выражая их отношением, как здесь:

Жуткий вестник	**20:1**
Неженка	**4:1**
Странный кварк	**8:1**
Тангенс	**7:1**
Честная Бэт	**5:1**

Легко понять, в чем соль, если представить их в виде дробей. Шансы 20:1 означают, что букмекер думает, что Жуткий вестник имеет 1 шанс из 20 на победу, или 1/20. Шансы Неженки значительно больше — 1/4. Если мы сложим шансы на всех лошадей в виде дробей, сумма должна быть, согласно математическим законам, равна 1. Так, конечно, никогда не происходит, потому что букмекеры извлекают прибыль из разницы между общей суммой ставок и общей суммой выплат. На данных скачках, сумма равна:

1/20 + 1/4 + 1/8 + 1/7 +1/5
0,05 + 0,25 + 0,125 + 0,142858 + 0,2
= 0,767857

Разница между результатом и единицей — 0,232143, это значит, что букмекер извлекает чуть более 23% прибыли (при условии, что ставки были распределены равномерно).

Очевидно, что букмекерские шансы не имеют отношения к реальным шансам, — букмекеры преуменьшают шанс каждой лошади на победу.

Реальная вероятность должна давать в сумме 1, так как обязательно будет одна лошадь-победитель (если только все лошади не упадут или не будут дисквалифицированы).

Лотерея

Другие виды азартных игр предлагают маленький шанс на действительно большой приз, но довольно большой шанс на маленький выигрыш. Многие государственные лотереи действуют таким образом. Шанс выиграть джек-пот очень малы, обычно 1 на много миллионов, но есть значительно больший шанс (возможно, даже 1 к 25) выиграть очень маленький приз, например £10. Это уловка, она успокаивает людей, которые осознают, что шанс выиграть

джекпот — крошечные, но у них, по меньшей мере, высокий шанс не потерять все вложенные деньги. В рекламе может говориться о «50 000 призов еженедельно» или чем-то в этом роде. Как мы видели в главе 9, упоминание большого числа призов привлекает; знаменатель игнорируется, т. е. мы не думаем о шансе как 50 000 на (допустим) 3,5 миллиона, или попросту 1 к 70.

Игровые автоматы действуют по тому же принципу ступенчатых платежей, предлагая разумный шанс на маленький выигрыш, но маленькую вероятность на большой куш. Небольшой выигрыш вдохновляет игрока попробовать снова, что может закончиться потерей большой суммы.

Снова и снова

Иногда бывает полезно знать вероятность более чем одного события. Возможно, мы хотим знать:

- **вероятность, что случится А или В**
- **вероятность, что случится и А, и В**

Чтобы выяснить альтернативные шансы (А или В), мы складываем вероятности.

Чтобы выяснить кумулятивные шансы (А и В), мы умножаем вероятности.

Предположим, вы подали заявление на две вакантные должности. На первую должность претендуют пять одинаково квалифицированных соискателей (включая вас), т. е. шанс получить работу 1 к 5, или 0,2. На вторую должность претендуют только 4 квалифицированных соискателя, т. е. ваш шанс — 1 к 4, или вероятность 0,25.

Шанс на то, что вам предложат одну или обе работы:

0,2 + 0,25 = 0,45 (45%)

Шанс, что вы получите обе работы:

0,2 х 0,25 = 0,05 (или 5%)

В восемь раз вероятнее, что вам предложат одну работу, а не две.

Шанс, что вам предложат одну работу, но не две — это разница между шансом на одну или две и шансом на предложение двух работ:

0,45 – 0,05 = 0,4 (40%)

Наиболее вероятный исход, таким образом, что вы не получите ни одну (простите), а следующий по вероятности — что вам предложат только одну.

Больше одного пути

Обычно самый простой способ увидеть принципы, по

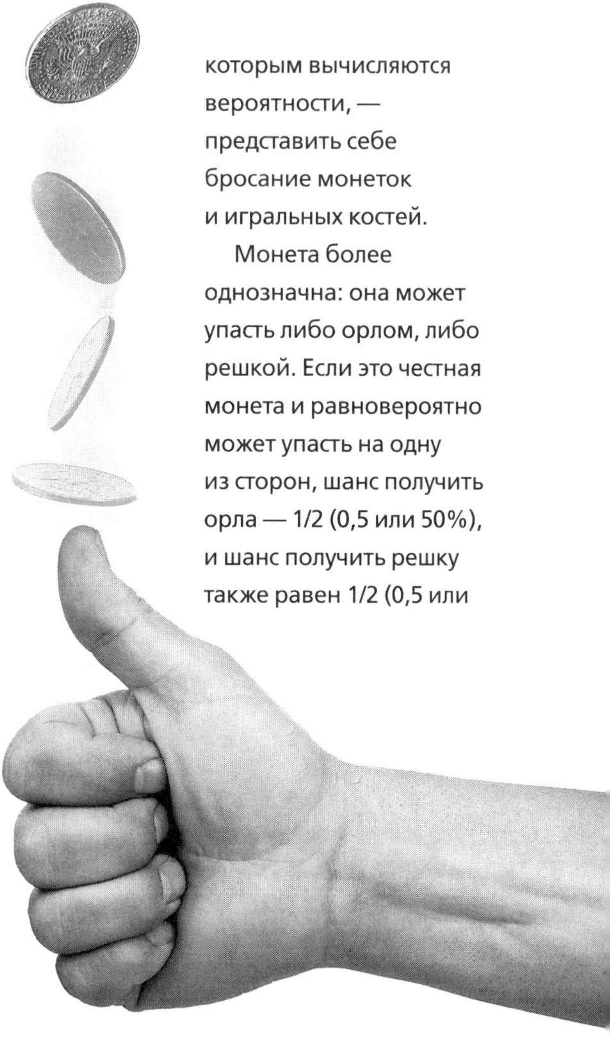

которым вычисляются вероятности, — представить себе бросание монеток и игральных костей.

Монета более однозначна: она может упасть либо орлом, либо решкой. Если это честная монета и равновероятно может упасть на одну из сторон, шанс получить орла — 1/2 (0,5 или 50%), и шанс получить решку также равен 1/2 (0,5 или

50%). Если мы бросим монету дважды, мы снова можем получить орла или решку. Вероятность для двух бросков:

Бросок 1	орел		решка	
Бросок 2	орел	решка	орел	решка

Теперь возможно 4 результата: орел, затем орел; орел, затем решка; решка, затем орел; решка, затем решка. Для многих целей «орел затем решка» — это то же самое, как «решка, затем орел». Шанс двойного орла — 1/4; шанс двойной решки — 1/4; шанс на один орел и одну решку — 1/2.

Количество вероятных итогов возрастает, если мы бросаем монету больше раз, а шанс на получение при каждом броске орла или при каждом броске решки, неважно чего, — сокращается.

Количество бросков	Шансы на выпадение только орлов
1	1/2
2	1/4
3	1/8
4	1/16
5	1/32
6	1/64

ПОМОЖЕТ ПРИНЯТЬ РЕШЕНИЕ

Психиатр XIX в. Зигмунд Фрейд, помогая людям, пребывающим в нерешительности, советовал использовать монетку, чтобы сделать сложный выбор. Он не агитировал за передачу этих функций в руки случая, монетка должна была помочь определиться с желаниями: «Я хочу, чтобы вы сформулировали, что будет означать монета. Затем обратите внимание на свою реакцию. Спросите себя: Я доволен? Я разочарован? Это поможет вам осознать, что вы на самом деле чувствуете глубоко внутри себя. Основываясь на этом, вы будете готовы собраться с мыслями и принять правильное решение».

Шанс на орла при каждом броске равен $1/2^n$ для броска под номером n. Шанс на решку при каждом броске также равен $1/2^n$.

Шанс на выпадение либо всех орлов, либо всех решек равен $2 \times 1/2^n$ или $1/2^{n-1}$:

Число бросков	Шансы на выпадение только орлов ИЛИ только решек
1	1
2	1/2
3	1/4
4	1/8
5	1/16
6	1/32

1 к 6

С игральными костями проблема становится более сложной, так как возможных итогов для каждого броска кубика — шесть. Используются те же расчеты, но теперь в степень возводится 6, а не 2. Шансы получить пятерку (или любое другое число) при каждом броске — в таблице справа.

Число бросков	Шансы на выпадение только орлов
1	1/6
2	1/36
3	1/216
4	1/1,296
5	1/7,776
6	1/46,656

Если вы бросаете два кубика, шанс получить любой дубль равен 6^{n-1}.

Поскольку вы бросаете не один раз, вероятность для различных комбинаций становится более сложной. Когда нас интересует сумма очков, комбинации могут быть разными для одной суммы (*см. таблицу внизу*).

Наиболее вероятное число с двумя игральными костями — 7, так как имеется шесть способов получить 7. Это означает, что вероятность выбросить 7 равна 6/36 или 1/6. Если у вас есть выбор при игре в кости, ориентируйтесь на семерку.

2	1 + 1					
3	1 + 2	2+ 1				
4	2 + 2	1 + 3	3 + 1			
5	1 + 4	2 + 3	3 + 2	4 + 1		
6	1 + 5	2 + 4	3 + 3	4 + 2	5 + 1	
7	1 + 6	2 + 5	3 + 4	4 + 3	5 + 2	6 + 1
8	2 + 6	3 + 5	4 + 4	5 + 3	6 + 2	
9	3 + 6	4 + 5	5 + 4	6 + 3		
10	4 + 6	5 + 5	6 + 4			
11	5 + 6	6 + 5				
12	6 + 6					

Глава 21

Когда ваш день рождения?

Если в комнате находится 30 человек, велика вероятность, что по крайней мере у двоих из них совпадут дни рождения.

В эту часто транслируемую статистику трудно поверить. Кажется, что это противоречит здравому смыслу.

Частотность дней рождения

Есть два способа работы с вероятностью. Методы первого мы рассматривали в 20-й главе. Он называется частотная вероятность. Другой метод — байесовский, разработанный английским математиком Томасом Байесом (1702–1761), и он гораздо сложнее.

В году 365 дней (если он не високосный). Следовательно,

существует 1/365 шансов, что ваш день рождения выпадет на определенный день. Если сравнивать себя с всего одним человеком, тогда шанс, что ваш день рождения совпадет с его днем рождения, будет 1/365

= 0,0027

Но не забывайте, что интерес вызывает не только ваш день рождения. В комнате 30 человек, что дает на 30 x 29 возможных пар дней рождения, или 870. Теперь вы, наверное, понимаете, почему так вероятно, что будет один двойной день рождения.

Поменяем задачу

Вместо того чтобы думать о шансах двойных дней рождений, подумайте о шансах людей, чьи дни рождения не совпадают, у которых нет пары в комнате с 30 людьми.

Когда есть только два человека, шанс, что их дни рождения не одновременны, равен

1 — 1/365 = 364/365 = 0,997

МЫ НЕ ЧИСЛА

Хотя дни рождения выглядят как случайные, это не совсем так. День рождения случается спустя девять месяцев после зачатия, а уровень зачатий различается в течение года. На сентябрь приходится больше дней рождений, чем на любой другой месяц. Частотный метод не принимает это в расчет.

Если добавим третьего человека, у нас будет три использованных дня рождения, следовательно, только 363 неиспользованных дня. Теперь шанс, что их дни рождения не совпадут, равен

364/365 x 363/365 = 0,992

Добавьте еще одного человека, и шанс будет

364/365 x 363/365 x 362/365 = 0,984

Продолжим. К тому моменту, когда у вас будет 30 человек в комнате, шанс, что ни одна пара дней рождений не совпадет, равен 0,294 — почти 30%. Это означает, что есть вероятность 70%, что по крайней мере два человека родились в одни и тот же день. Момент, когда вероятность приближалась к 50%, прошел, когда в комнате было 23 человека. К моменту, когда в комнате будет 57 человек, шанс на парный день рождения — 99%.

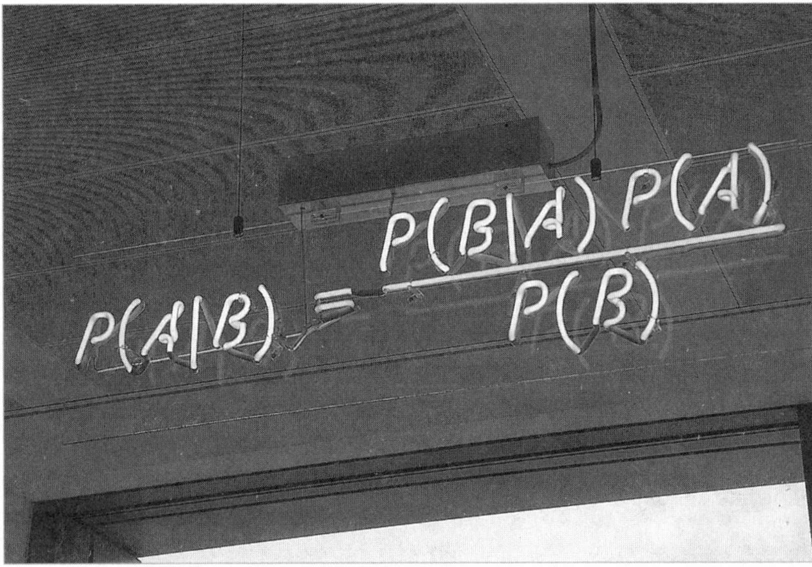

Еще одно изменение

Байесовский подход к вероятности сильно отличается. Он может работать от одного набора вероятностей, чтобы вывести другую, связанную с ними вероятность.

Теорема Байеса гласит, что

$$P(A\backslash B)=\frac{P(B\backslash A)\,P(A)}{P(B)}$$

где P — вероятность.

Известно, что Гитлер был вегетарианцем. Возможно, есть связь между деспотизмом и вегетарианством? Теорема Байеса поможет нам исследовать это, если мы соберем информацию о распространенности вегетарианства и деспотизма среди мировых лидеров прошлого и настоящего.

Предположим, мы выяснили, что 60% деспотов были вегетарианцами (P = 0,6). Это наводит на мысль, что существует прочная связь между двумя явлениями. Однако, чтобы установить, так ли это, мы должны решить, какова доля вегетарианцев-деспотов. Давайте предположим, что мы выяснили, будто доля вегетарианцев среди

мировых лидеров — 20% (P = 0,2), и 5% мировых лидеров — деспоты (P = 0,05).

$$\mathbf{P\ (деспот|вегетарианец) = \frac{P\ (вегетарианец|деспот) \times P\ (деспот)}{P\ (вегетарианец)}}$$

Подставим цифры:

$$\mathbf{P\ (деспот|вегетарианец) = \frac{0{,}6 \times 0{,}05}{0{,}2} = 15\%}$$

Это полезный результат; хотя шанс любого конкретного деспота быть вегетарианцем — 60%, шанс любого лидера-вегетарианца быть деспотом — только 15%. Это по-прежнему несколько хуже, чем 5% вероятности, что любой лидер окажется деспотом, но не должно вести к тотальному запрету на то, чтобы вегетарианцы становились мировыми лидерами.

(Этот пример — продукт воображения и не направлен против вегетарианцев или мировых лидеров. Я вегетарианка, хотя и не мировой лидер.)

Когда все закончится?

Одно из применений байесовской вероятности (*см. с. 240*) — расчет вероятной даты конца человечества. Известный как Аргумент Судного дня, он впервые был предложен австралийским физиком Брендоном Картером в 1983 г. Он использовал довольно скромные цифры в 60 миллиардов людей, рожденных до настоящего момента (в 1983),

БАЙЕСОВЫ ТАНКИ

Во время Второй мировой войны союзники пытались оценить размер производства немецких танков, применяя байесовский анализ к данным о захваченных и уничтоженных танках. Они решали, сколько литейных форм было использовано для создания 64 колес на двух захваченных танках. Затем из данных о том, сколько колес можно сделать в литейных формах за месяц, они рассчитали общее количество форм, что дало долю совпавших колес в выборке из 64. Исходя из этого, они пришли к выводу, что немцы строили по 270 «Пантер» в месяц в феврале 1944 г. — намного больше, чем по предыдущим оценкам. Они также использовали байесовский метод для расчета вероятного числа танков, исходя из серийных номеров на захваченных — с поразительной точностью.

Сравнение результатов статистических оценок с немецкими источниками (после войны) показало, что статистика были более надежным методом оценки военной мощи, чем сбор разведывательных данных.

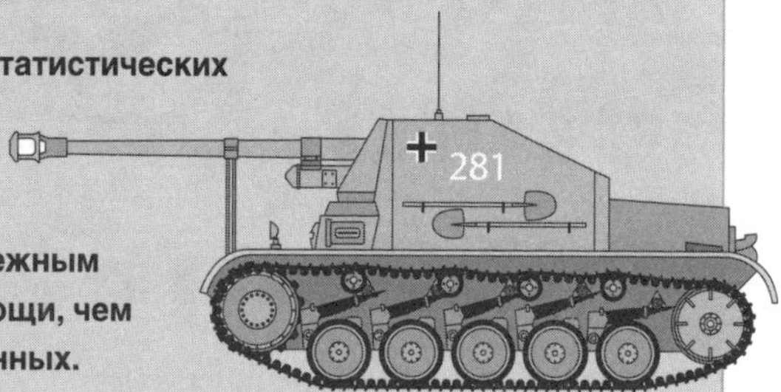

чтобы рассчитать: 95% вероятности, что человечество не протянет дольше, чем еще 9120 лет (теперь уже меньше, чем 9100, так как несколько лет уже прошло с тех пор).

Глава 22

Об этом риске стоит говорить?

«Только те, кто рискуют зайти слишком далеко, способны выяснить, насколько далеко они могут зайти». *Т. С. Элиот*

Наше восприятие риска очень странное и не всегда разумно соотносится с математикой риска. Оно находится под влиянием многих психологических факторов, таких как привычность или новизна, неизвестные факторы (касательно риска), уровень контроля, который мы ощущаем и который имеем, редкость последствий, неудобства, связанные с избеганием рисков, непосредственность опасности и уровень возможного ущерба.

Жить опасно!

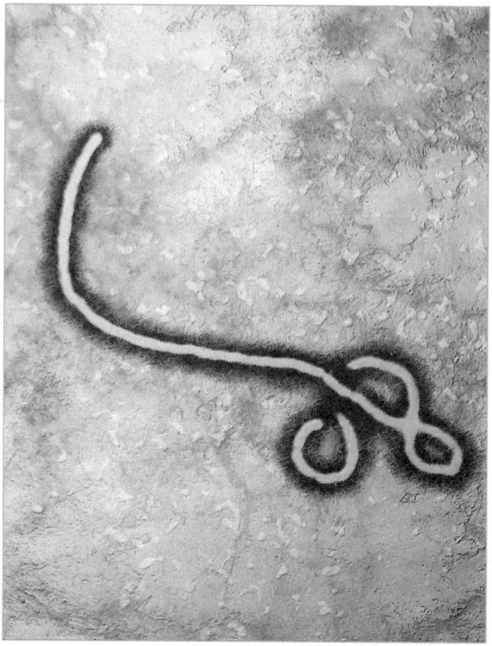

С точки зрения логики, может показаться, что активность влечет за собой высокий риск смерти или серьезных повреждений, мы должны избегать ее — но многие люди водят слишком быстро, курят сигареты и едят больше чем нужно. С другой стороны, люди в США и Европе продемонстрировали высокий уровень беспокойства во время вспышки Эболы в 2014–2015 гг., хотя она была ограничена шестью странами Африки, в которые большинство никогда не поедет. У Эболы были все признаки страшного риска:

- **инфекция вела к смерти с вероятностью больше 50%;**
- **заболевание ужасно неприятное;**
- **оно незнакомо большинству людей;**
- **широко освещалось в средствах массовой информации;**
- **люди чувствовали, что потеряли контроль, так как болезнь атаковала случайным образом (хотя это не такая уж случайность, что кто-то заражается за 5000 км от очага).**

Кроме того, было много неизвестных факторов. Могла ли она покинуть Африку? Могла ли стать заразной до того, как проявятся симптомы? Неудобства, связанные с избеганием риска, были незначительны: не ездить в Африку, не бродить вокруг больниц, где лежат больные Эболой, и не трогать мертвые тела. Большинство людей потакали своему страху перед Эболой, не находясь в какой-либо большой опасности. Они испытывали излишнее беспокойство.

С другой стороны, поездка на машине — известный риск. Он привычен, и мы ощущаем контроль, даже если эти чувства иллюзорны (мы не контролируем других водителей). Конечно, дорожные аварии не очень освещаются средствами массовой информации, ведь они так часто происходят, что вообще-то указывает на высокий уровень риска. Большинство не опасается поездок на машине, а перестать ездить было бы очень неудобно.

Высокая драма, низкий риск

Самое смертельно опасное животное для человека — не акула, тигр, гиппопотам или кто-нибудь еще, такой же большой, как вы могли бы подумать. Это даже не собака. Это москит. Москиты убивают более половины миллиона человек в год, заражая малярией и другими болезнями. Тем не менее, многие люди думают, что гулять в одиночестве по берегу реки в Бразилии безопаснее, чем купаться в кишащих акулами водах Австралии. Вероятность утонуть в 3300 раз больше, чем быть убитым акулой, так что вы можете считать себя счастливчиком, если проживете в воде достаточно, чтобы хотя бы увидеть акулу.

Переводя в цифры

Цифры, демонстрирующие риск, как и вообще большинство цифр, чтобы иметь смысл, должны иметь контекст. Вы видите цифры, относящиеся к смертности на дорогах в США:

- **в 1950 г. 33 186 человек погибло в дорожных авариях**
- **в 2013 г. 32 719 человека погибло в дорожных авариях.**

Выглядит так, будто прогресс в безопасности дорожного движения с 1950 г. был очень небольшой, и это расстраивает. Но дополнительная информация поможет пролить свет на эти цифры. Если мы обратим внимание на численность населения США в то время, все станет понятнее. В 1950 г. численность населения была около 152 миллионов. К 2013 г. она была 316 миллионов — вдвое больше. Если мы посчитаем количество смертей на фоне общей численности населения США, увидим, что есть четко выраженные улучшения.

ЖИВОТНЫЕ, КОТОРЫЕ УБЬЮТ ВАС С БОЛЬШЕЙ ВЕРОЯТНОСТЬЮ, ЧЕМ АКУЛА

В среднем менее шести человек по всему миру ежегодно погибают от зубов акулы. С большей вероятностью вы будете убиты:

- **змеей (70 000 смертей в год);**
- **собакой (60 000 смертей в год);**
- **пчелой (50 000 смертей в год);**
- **гиппопотамом (2900 смертей в год);**
- **медузой (100–500 смертей в год).**

Дата	Смертность	Численность населения	Смертность/ 100,000 человек
1950	33 186	152 млн	21,8
2013	32 719	316 млн	10,3

А если мы обратимся к числу километров, пройденному на моторизованных транспортных средствах в эти годы, цифры приобретут совершенно другой вид.

Дата	Смертность	Численность населения	Смертность / 100 000 человек	Смертность / 100 000 000 миль пробега
1950	33 186	152 млн	21,8	7,2
2013	32 719	316 млн	10,3	1,1

Ездить в 1950-е гг. было в семь раз опаснее, чем в 2013 г.; риск упал на 85%.

Один на миллион

«Микроморт» — так называется вероятность смерти один к миллиону в анализе рисков. Если вы думаете о том, как добраться до города или до работы, вы можете сравнить риски различных видов транспорта, используя микроморты, и посчитать, сколько километров вам придется проехать, прежде чем вы, вероятно, погибнете в аварии.

Транспорт	Км / микроморт
Поезд	**9656 км**
Автомобиль	**370 км**
Велосипед	**32 км**
Пешком	**27 км**
Мотоцикл	**10 км**

Очевидно, что поезд — самый безопасный способ, а мотоцикл — самый рискованный.

Хронический и острый риск

Риск упасть с лестницы и сломать себе шею — острый риск, он может произойти сейчас и убьет немедленно. Если вы спустились по лестнице, и этого не произошло, риск исчез (на данный момент), и вы не будете страдать от болезненных последствий, за исключением, возможно, небольшой тревожности.

Риск заработать рак легких, если вы курите, — хронический риск. Он растет со временем, и хотя одна сигарета, выкуренная вами утром,

КАКОВА ЦЕНА ЖИЗНИ

Правительства принимают решения о затратах на безопасность, основываясь на подсчетах жизней, которые можно спасти. Они используют цифры, которые называются стоимостью среднестатистической жизни (ССЖ), или стоимостью человеческой жизни, чтобы выяснить экономическую стоимость различных мер безопасности. В Великобритании жизнь стоит £1,6 миллиона ($2,4 миллиона) в рамках улучшения дорожного движения, следовательно, микрожизнь стоит £1,6 ($2,4). В США жизни стоят дороже, Департамент транспорта США оценивает ССЖ в $6,2 миллиона (£4 миллиона) и микрожизнь в $6,2 (£4).

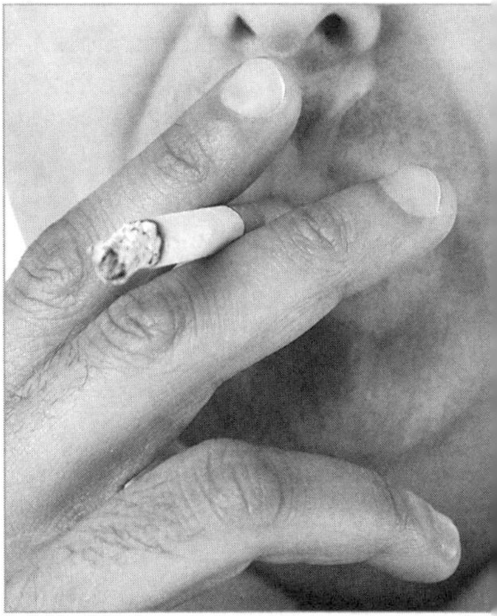

не убьет вас, она может — вкупе со всеми остальными — способствовать ранней смерти. Этот риск накапливается; каждая выкуренная сигарета увеличивает риск рака легких и некоторых других заболеваний.

Микрожизнь и микросмерть

Противоположность микроморту, микрожизнь — одна миллионная жизни. Для молодого человека она в среднем равна получасу. Хронические риски, как правило, лучше выражены в терминах стоимости в микрожизнях. Выкуренная сигарета стоит примерно одну микрожизнь. Конечно, это не прямая и бесспорная цена — это риск. Если мы возьмем среднюю продолжительность жизни людей, которые курят определенное количество сигарет, и сравним со средней продолжительностью жизни некурящих, мы может выяснить среднюю цену сигареты в микрожизнях. Но некоторые люди выкуривают 20 сигарет в день и живут до 90 лет; нельзя знать наверняка.

Ключевая разница между использованием микромортов в расчетах острых рисков активности и использования микрожизней для расчетов хронических рисков в том, что цена микрожизней накапливается, в то время как риск в микромортах каждый раз сводится к нулю.

Все есть риск

Еще один способ рассматривать риск — сравнивать его с базовым уровнем риска, на котором вы находитесь, просто потому, что живете. Шанс умереть при аварии на дельтаплане — примерно 1 на 116 000 для каждого полета. Шансы 30-летнего американца умереть в любой день — 1 к 240 000, т. е. он повышает свой риск в три раза, отправляясь в полет на дельтаплане (так как он добавляет новый риск к уже существующим, а не замещает их).

Другой способ представить риски — показать, сколько времени вам придется продолжать заниматься какой-либо деятельностью, чистого времени, чтобы случилось несчастье, или рассчитать риск каждого момента активности. Если риск умереть при каждом полете на дельтаплане равен 1 к 116 000, это предполагает, что если вы совершите 116 000 полетов, вы, очень вероятно, умрете во время одного из них (хотя это может случиться во время третьего полета, или 169, а не 116 000). Хотя это статистически верно, это не обязательно достоверно для каждого конкретного человека. Здесь могут играть роль другие факторы. Первые полеты на дельтаплане, скорее всего, более опасны, так как пилот еще не набрался опыта. Позже полеты могут стать опаснее, так как пилот стал менее бдительным. Конкретный пилот дельтаплана может обладать большими или меньшими навыками, чем другой, и, следовательно, подвергаться большим или меньшим рискам.

Почтовая лотерея

Страховые компании стараются строже оценивать риск преступлений или несчастных случаев, а не просто берут средние данные для всего населения. Они используют комплексные расчеты, чтобы выяснить, кто подвергается большим или меньшим рискам. Именно поэтому ваш почтовый индекс влияет на то, сколько вы будете платить за страховку дома, машины и т. д. Если в вашем районе много взломов, они оценят ваш дом как находящийся в высокой зоне риска и запросят бóльшую цену.

Повышенные и пониженные риски

Общепринятый способ показывать риски — сравнивать их в коэффициентах или процентах. Это может быть очень убедительно, но если мы не можем увидеть конкретные цифры, легко впасть в заблуждение. Такое утверждение, как: «Прием БАДов сокращает риск заболеть раком ногтей вдвое», заставляет думать, что эти добавки — неплохая покупка. Но если риск получить рак ногтей всего 1 на 20 миллионов, тогда сокращение риска до 1 на 40 миллионов на самом деле не соответствует стоимости добавки. Значительно вероятнее вы попадете в аварию по дороге за покупкой оздоровительной пилюли, чем у вас случится рак ногтей.

Недопонимание рисков

Некоторые риски нельзя измерить с той степенью точности, как нам бы хотелось. Если мы попытаемся предсказать ваш персональный риск гибели в дорожной аварии, основываясь на вашем предыдущем опыте, шанс будет нулевой, так как вы никогда не погибали в дорожной аварии, хотя много лет провели на дорогах.

Есть два общепринятых способа неправильного понимания рисков, которые можно свести к подобным заявлениям:

«Я делаю это годами и никогда не было проблем, так что я уверен, что все пройдет хорошо».

«Тебе везло слишком долго — твой запас удачи закончился».

С точки зрения здравого смысла, первое — это своего рода смазанная байесовская оценка. Если мы не знаем статистические риски, мы делаем оценку, основываясь на предшествовавшей выборке. Однако это не правильно, особенно когда имеешь дело с риском смерти. Конечно, все было прекрасно прежде, раз уж вы не мертвы. Ссылаясь на предшествующий опыт, в котором вы не погибли, вы можете оправдать абсолютно любое безрассудное поведение, потому что вы никогда не умирали в результате своих рискованных действий в прошлом. Вы не умрете в этот раз, потому что не умерли в прошлый. Но вы можете умереть в этот раз именно потому, что в прошлый уцелели.

Второе утверждение также ошибочно во многих случаях. Это противоположность игрока, который продолжает ставить на одно и то же число, потому что оно обязательно выпадет, рано или поздно. Не выпадет. Каждый раз шанс на то, что выпадет это число, одинаков, независимо от того, выпадал ли он раньше. Если вы бросаете кости, 1 шанс из 6, что выпадет шестерка. Если вы бросили кости и выпала шестерка, при следующем броске шанс по-прежнему будет 1 к 6. Таким образом, в случае с независимыми рисками, тот факт, что кто-то «избегал этого» годами, не означает, что он продолжит (или не продолжит) избегать этого в будущем.

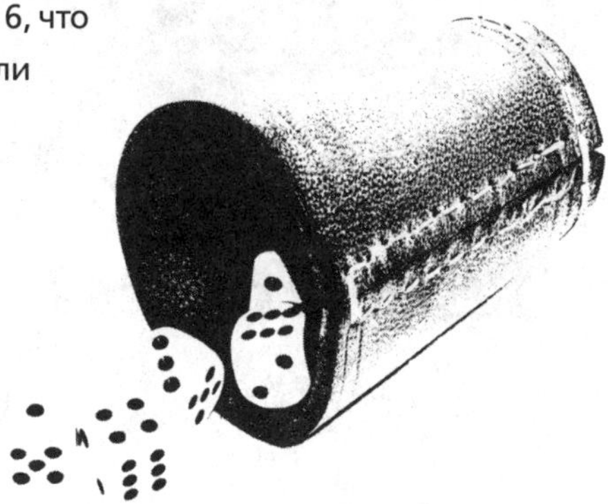

Глава 23

Сколько математики знает ананас?

На самом деле мир должен быть по колено в кроликах.

Средневековый математик Фибоначчи открыл, что существует последовательность чисел, которая лежит в основе множества явлений природы, включая размножение кроликов.

Размножение кроликов

Фибоначчи взялся за задачу, которая была известна индийским математикам уже много веков, но была, по всей видимости, нова для Европы. Она звучит так:

Если у вас два кролика в поле, как будет расти популяция в идеальных условиях?

Идеальные условия включают следующее:

- Первые два кролика — разнополы, половозрелы, привлекательны друг для друга, здоровы и плодовиты.
- Каждая самка производит на свет пару кроликов, одного самца и одну самку, ежемесячно, как только повзрослеет.
- От зачатия до рождения кролика проходит месяц, и еще один месяц, чтобы стать половозрелым.
- Ни один из кроликов не умирает.

Последний пункт доводит идеальные условия до предела, но не будем углубляться в исследование природы «идеального». Все это происходило 800 лет назад и слишком поздно для придирок.

Так что отпустим первых двух кроликов в поле, где они будут плодиться как, эм-м, кролики. Через месяц там по-прежнему обитает только первая пара, но они только что обзавелись первыми малышами, следовательно, процесс запущен.

К концу следующего месяца имеется уже две пары: первая и их повзрослевшие детки. Первая пара завела еще двух деток, а вторая пара только начинает свою родительскую карьеру.

На следующий месяц будет три пары: первоначальная, первый выводок и второй выводок.

На следующий месяц первоначальная пара и первый выводок обзавелись по паре малышей (пока еще не половозрелых), а второй выводок готов начать размножаться. Потомство кроликов растет так:

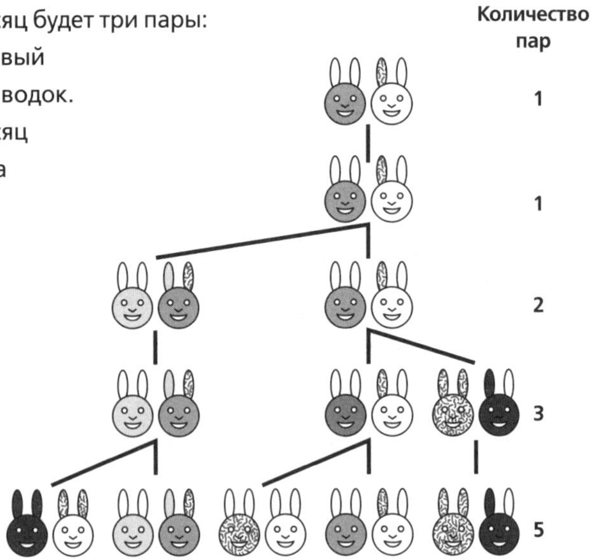

И так далее. Количество пар каждый месяц соответствует этой последовательности:

1, 1, 2, 3, 5, 8, 13, 21, 34...

На первый взгляд, эти числа не очень интересны, но они неожиданно всплывают вновь и вновь. Возможно, не так очевидно, что здесь есть закономерность, но она есть. Сложите последние два числа в последовательности, чтобы получить следующее:

1 + 1 = 2

1 + 2 = 3

2 + 3 = 5

3 + 5 = 8

5 + 8 = 13

8 + 13 = 21

и так далее. Эта последовательность называется «числа Фибоначчи». Если мы обозначим n-ое число Фибоначчи как F(n), общее выражение для нахождения числа Фибоначчи будет тогда:

$$F(n) = F(n-1) + F(n-2)$$

Вы можете увидеть, как это работает на примере из последовательности, восьмом числе:

F(8) = F(7) + F(6)

21 = 13 + 8

Пропуск между числами становиться больше и больше:

F(38) = 39 088 169

F(39) = 63 245 986

Следовательно,

F(40) = 39 088 169 + 63 245 986 = 102 334 155

Числа быстро растут; F(20 000 000) содержит более 4 миллионов знаков. Если мы предположим, что Фибоначчи (илл. справа) отпустил своих двух первых кроликов в поле 800 лет назад, и прощая тот факт, что некоторым кроликам сейчас по 800 лет, то прошло уже 800 x 12 = 9600 месяцев. F(9600) содержит больше 2000 знаков, следовательно, оно больше 10^{2000}. Это означает, что там будет больше 10^{20} гуглов пар кроликов к настоящему моменту, или намного больше, чем атомов во Вселенной. Это весомый аргумент в пользу стерилизации вашего домашнего кролика.

Пчелы очень любят мед

История с кроликами была несколько гипотетической, но есть и другие виды животных, которые демонстрируют более точное олицетворение теории Фибоначчи. Если обратить внимание на генетику пчел, серии Фибоначчи покажут число предков каждой пчелы.

У самцов пчел — только один родитель, матка, так

как они вылупляются из неоплодотворенных яиц. У самок — два родителя, самец и самка. Так, если вы начнете с самца и нарисуете фамильное древо, оно будет выглядеть как то, что справа. Добавляя предков, мы получаем:

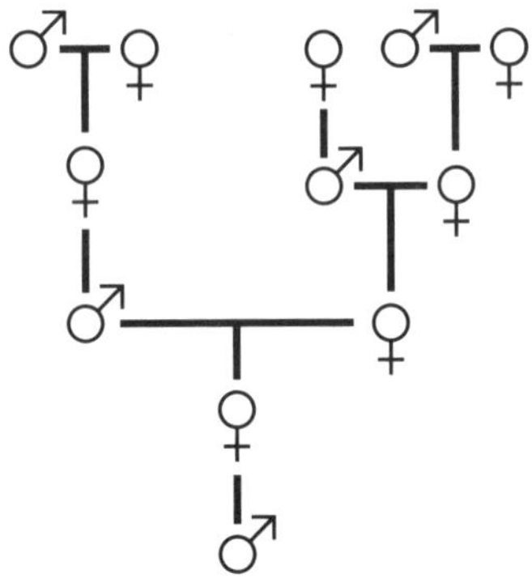

	Родители	Пра-родители	Пра-пра-родители	Пра-пра-пра-родители	Пра-пра-пра-прародители
Пчела-самец	**1**	**2**	**3**	**5**	**8**
Пчела-самка	**2**	**3**	**5**	**8**	**13**

Хотя у самки было преимущество на старте, она отстоит лишь немного дальше в ряду Фибоначчи, а числа, в конечном счете, те же.

Разветвления

У многих деревьев листья и ветви растут в соответствии с моделью, которая соотносится с рядом Фибоначчи. Несложно увидеть, почему ветви попадают в этот шаблон, так как каждое ответвление дает побег в сторону и затем, через некоторое время, он дает свой собственный побег, и так далее (*см. выше*).

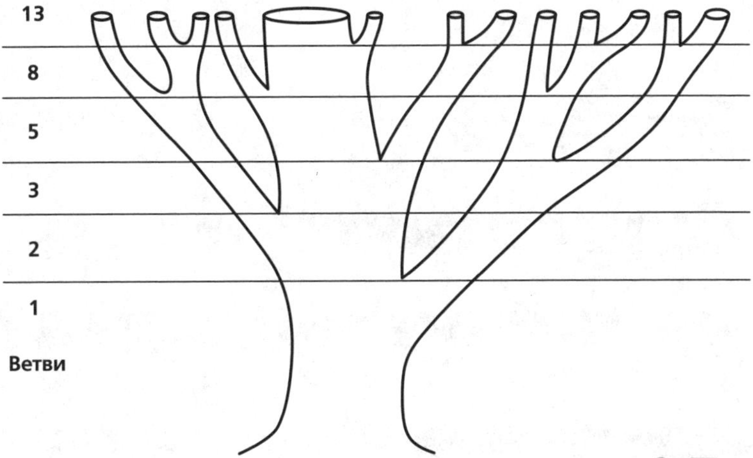

У цветов числа Фибоначчи соответствуют лепесткам, а большинство фруктов внутри разделяется на доли в соответствии с числами Фибоначчи (например, три в банане и пять в яблоке).

Последовательность проявляется даже в нашем теле, например, в отношении длины косточек пальцев.

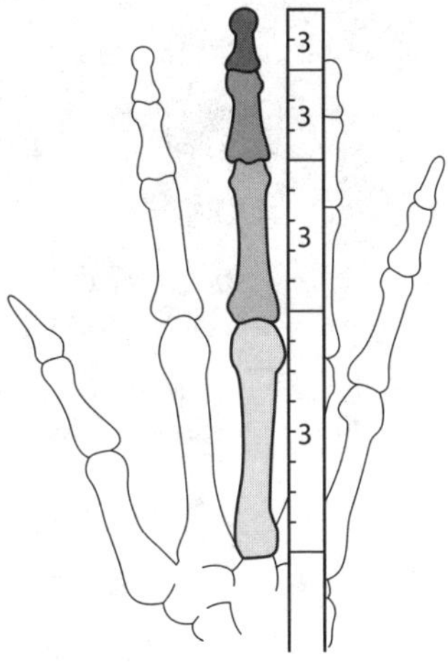

Глава 24

Существует ли идеальная форма?

Мимолетный взгляд на мир природы, и мы видим множество случайных форм, но некоторые из них удивительно гармоничны.

И последовательность Фибоначчи, и фракталы порождают структуры, которые выглядят менее систематизированными, чем являются на самом деле. Скрытые математические структуры обнаруживаются также и в других формах.

Прямоугольник и спираль

Попробуйте выполнить это упражнение, чтобы увидеть числа, встраивающиеся в структуру. Начните с квадрата в одну единицу (давайте примем его сторону за 1 см, хотя она может быть любой). Нарисуйте идентичный квадрат рядом. Теперь используйте две смежные стороны в качестве стороны нового квадрата (квадрата со сторонами по 2 см). Теперь у вас есть смежные стороны, сумма которых 3 см; нарисуйте еще один квадрат. Продолжайте в том же духе, пока у вас не кончится бумага или энтузиазм.

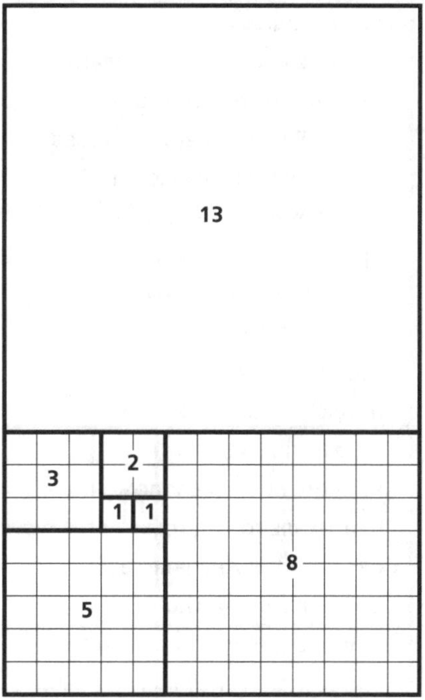

Что вы заметили касательно длин сторон квадратов?

1, 1, 2, 3, 5, 8, 13...

Снова последовательность Фибоначчи.

Теперь нарисуйте спираль, проведя кривую линию, которая проходит по диагонали последовательно через все квадраты.

Она называется Золотая спираль. Многие растения отращивают листья по золотой спирали, располагая их к стеблю под разным углом. Расположение листьев на растении называется «филлотаксис», эта сфера представляет большой интерес для ботаников.

Как правило, если посчитать, сколько раз вам придется обойти вокруг стебля, прежде чем вы найдете лист, расположенный вертикально над тем, с которого вы начали, вы выясните как число Фибоначчи оборотов вокруг стебля, так и число Фибоначчи

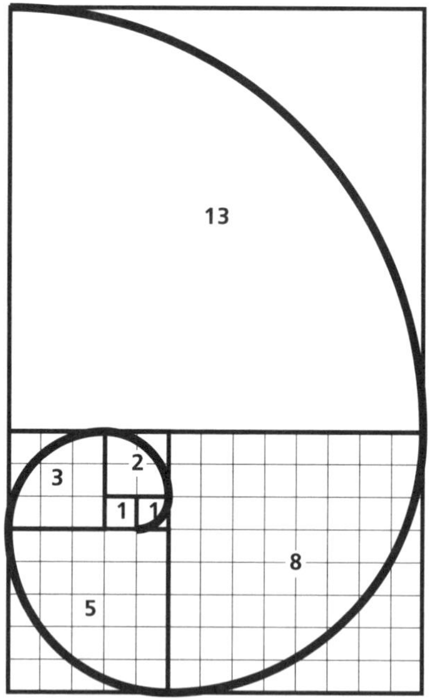

пропущенных листьев. Эта структура максимизирует солнечный свет, который падает на каждый лист, вот почему это так распространено. Угол между листьями обычно близок к 137,5 градуса.

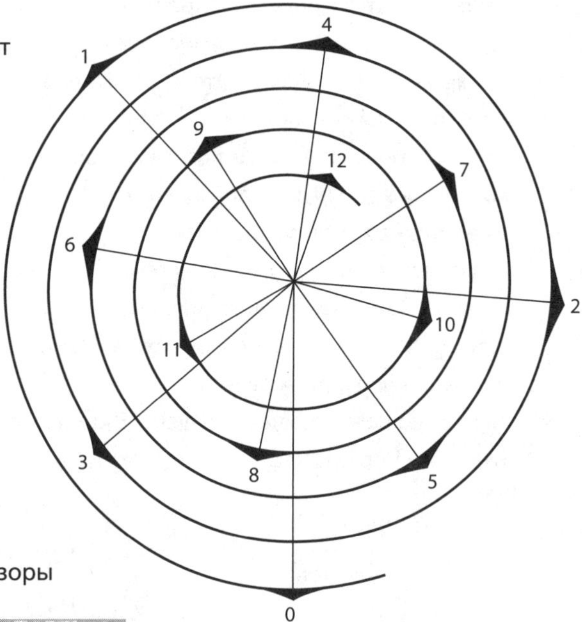

Закручивание спиралей

Довольно часто несколько золотых спиралей сплетены вместе. Семена во многих соцветиях организованы в узоры

перемежающихся золотых спиралей, а чешуйки на плодах ананаса расположены двумя замыкающимися друг навстречу другу золотыми спиралями. У подсолнуха количество спиралей равно числу Фибоначчи, спирали закручиваются в разных направлениях (по часовой стрелке и против), а общее число семян — также число Фибоначчи. Это великолепная пространственная организация; таким образом подсолнух может оптимизировать количество семян, которое он может вместить на круглом соцветии.

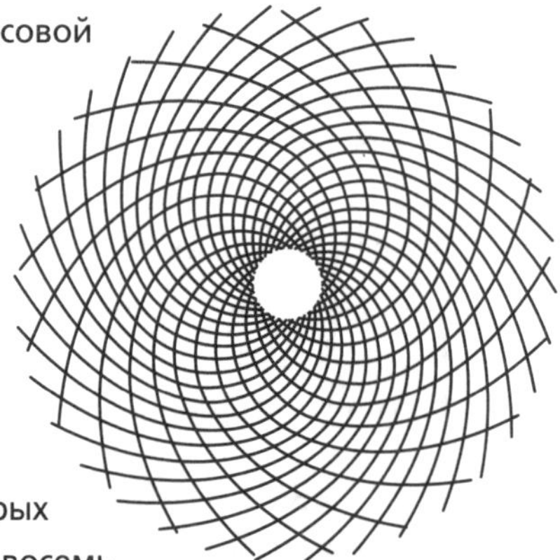

Возможно, самое умное растение из всех — это ананас. Этот фрукт покрыт шестиугольными чешуйками, каждая из которых является частью трех разных спиралей. Всего восемь слегка скошенных рядов чешуек, 13 круто скошенных рядов и 21 практически вертикальный ряд.

Листья ананаса растут в другой последовательности Фибоначчи с 5 спиралями листьев вокруг стебля, прежде чем происходит вертикальное совмещение. Между каждой вертикально совмещенной парой расположено 13 листьев. Это означает, что у ананаса есть два набора золотых спиралей, контролируемых разными гормонами, и он переключается с одного на другой, когда приходит время расти фрукту.

Золотые прямоугольники

Прямоугольники разнообразны: бывают короткие, толстые, длинные и тонкие, а еще действительно гармоничные прямоугольники, их называют «золотые прямоугольники».

Стороны золотого прямоугольника относятся друг к другу приблизительно как 1:1,61803. Число 1,61803... — иррациональное (дробная часть числа уходит в бесконечность) и обозначается греческой буквой Φ (фи).

Это не просто случайное иррациональное число. Оно было впервые установлено Евклидом около 300 г. до н. э. Представьте себе прямую, разделенную на два отрезка. Один длиннее другого, но это очень строгое «длиннее». Два отрезка находятся в особом отношении друг к другу, оно называется «золотое сечение». Прямая разделена так, что отношение

короткий отрезок : длинный отрезок

равно отношению

длинный отрезок : прямая целиком

Излагая математически, представьте, что прямая разбита на отрезки a и b. Длина всей прямой, очевидно, равна a + b. Чтобы отрезки находились в соотношении золотой пропорции, a:b должно быть таким же, как a: a + b

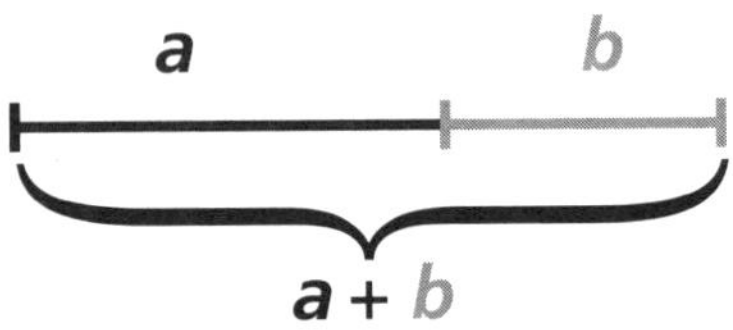

a + **b** относится к **a** как **a** относится к **b**

и

$$\frac{a+b}{a} = \frac{a}{b} = \Phi$$

Немного математической эквилибристики (*см. на след. стр.*), и это выражение приводится к отношению

$$1: \frac{1+\sqrt{5}}{2}$$

«Говорят, что прямая разделена на отрезки в крайнем и среднем отношении, когда вся прямая относится к большему отрезку так, как больший относится к меньшему».

Евклид, «Начала»

ВЫЧИСЛЕНИЕ ФИ

Начнем с $\dfrac{a+b}{a}$

Мы знаем, что это то же самое, что и a/b и то же самое, что и Φ. Если a/b = Φ, тогда ясно, что b/a = 1/Φ. Мы можем упростить это выражение:

$$\frac{a+b}{a} = 1 + \frac{b}{a} = 1 + \frac{1}{\Phi}$$

Следовательно,

$$1 + \frac{1}{\Phi} = \Phi$$

Умножив на Φ, получаем

$$\Phi + 1 = \Phi^2$$

что можно свести к

$$\Phi^2 - \Phi - 1 = 0$$

Это квадратное уравнение, следовательно, мы можем использовать формулу, чтобы решить его для Φ:

$$x = \frac{-b \pm \sqrt{b^2 - 4ac}}{2a} \qquad \underset{a}{\underset{\uparrow}{x^2}} + \underset{b}{\underset{\uparrow}{2x}} + \underset{c}{\underset{\uparrow}{1}} = 0$$

(a = 1, b = -1, c = -1)

Так как это отношение между положительными числами, мы знаем, что Φ должно быть положительным, следовательно, решение:

$$\Phi = \frac{1+\sqrt{5}}{2} = 1{,}6180339887\ldots$$

Отсекай, и ничего не изменится

Золотая пропорция — и золотые прямоугольники это демонстрируют — имеет интересные особенности. Если вы возьмете золотой прямоугольник, такой как справа, и отсечете квадрат с одной стороны (со сторонами *a*, *a*), вы останетесь с еще одним золотым прямоугольником (*b*, *a*).

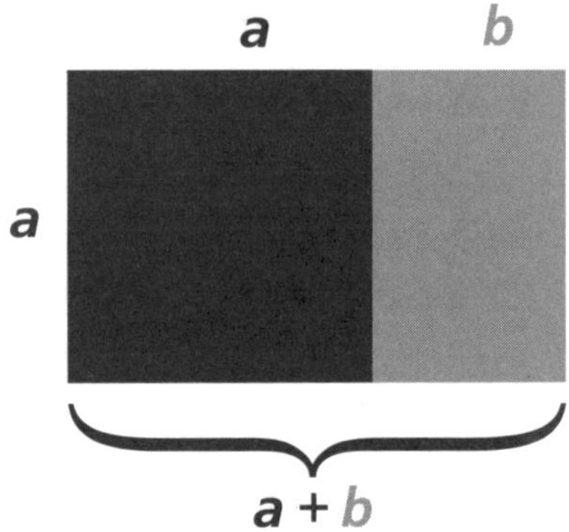

Стороны оставшегося прямоугольника также находятся в отношении 1:Ф. Вы можете продолжить, делая золотые прямоугольники все меньше и меньше.

Считается, что у золотого прямоугольника самые приятные для глаз пропорции. Его в значительном количестве находят в природе, в том числе в наших телах, он использовался в живописи и архитектурных сооружениях тысячелетиями.

Золото, еще золото

Зная, что у нас есть золотая спираль и золотое сечение / прямоугольник, будет логично поинтересоваться, существует ли между ними связь — и, конечно же, она существует. Если мы разделим любое число Фибоначчи на число, идущее в последовательности перед ним, результат будет стремиться к Фи. Это не так очевидно в начале:

1/2 ÷ 1/3 = 1,5

1/3 ÷ 1/5 = 1,667

Но если использовать все большие числа Фибоначчи, результат становится ближе к Φ:

102 334 155 ÷ 63 245 986 = 1,61803

Нас ждет еще один сюрприз. Если вы разделите число Фибоначчи на следующее в последовательности, результат будет стремиться к Φ – 1:

63 245 986 ÷ 102 334 155 = 0,61803

Это число — просто дробная часть Φ — часто обозначается строчной фи, ϕ. Итак, мы приходим к заключению, что у мира есть свои фавориты — прекрасные формы.

Глава 25

Числа выходят из-под контроля?

Числа могут расти удивительно быстро.

Существует легенда, будто правителю Индии так понравились шахматы, что человеку, который изобрел эту игру, он предложил любую награду, какую тот сам пожелает. Хотя он мог попросить любые богатства, этот человек высказал, на первый взгляд, очень скромное пожелание. Он попросил, чтобы правитель положил одно зерно риса на первую клетку шахматной доски, два — на вторую, четыре — на третью и так далее, удваивая количество, по мере передвижения по шахматному полю. Правитель охотно согласился, озадаченный тем, что человек просит так мало. Пока не попробовал выдать награду.

Куча риса вскоре перестала умещаться на предназначенной ей клетке. Вскоре она переполнила доску, а затем и весь дворец, а под конец — всю Индию. К моменту, когда правитель достиг последней клетки доски, ему понадобилось 2^{63} зерна риса. Это 2 x 2 x 2 x 2 x... и так 63 раза, что примерно соответствует 9 200 000 000 000 000 000 зернам риса.

Сколько места он займет, зависит от вида использованного риса. Если это длиннозерный рис, с зернами длиной 7 мм, из этого риса получится линия длиной примерно в семь световых лет. Это большая часть пути до Альфа Центавра и обратно, или к Солнцу и обратно 215 000 раз.

СБЫВШЕЕСЯ ПРОРОЧЕСТВО

Закон Мура, названный в честь американского физика Гордона Мура, со-учредителя корпорации Intel, гласит, что количество транзисторов в интегральной схеме будет удваиваться каждые два года. Его часто упрощают, говоря, что вычислительная мощность компьютера будет удваиваться каждые два года.

Закон, установленный в 1965 г., подтверждается до сих пор, 50 лет спустя. Он стал вызовом для производства и является целью, которая помогает увидеть его выполнение. Сам Мур не ожидал, что он останется в силе дольше, чем десять лет.

Экспоненциальный рост

Любая система роста, которая основывается на пропорциональном увеличении, а не приросте фиксированного количества, быстро разгоняется. Габор Зовании, профессор городского планирования в Восточном Вашингтонском университете, утверждает, что если человечество началось с одной пары 10 000 лет назад и увеличивалось бы на 1% в год (немного сложно вначале, но не важно), тогда к настоящему моменту мы были бы частью «плотного шара плоти диаметром во много тысяч световых лет, который увеличивается с радиальной скоростью, которая, если пренебречь теорией относительности, будет во много раз быстрее скорости света». Звучит страшно. Последовательность Фибоначчи воспроизводящихся кроликов — еще один пример экспоненциального роста популяции, который приведет к стадии шара меха и плоти гораздо быстрее.

Мы все родственники?

Мы можем также провести исследование популяции в обратном порядке.

У каждого человека двое родителей, четверо родителей родителей, восемь родителей родителей родителей, и так далее, все глубже

в прошлое. Когда количество предков возрастает как 2 в степени, пройдет совсем немного времени, и у вас окажется больше предков, чем жило на планете в те времена, когда должны были жить эти предки. Если мы возьмем по 20 лет на поколение — что может показаться маловато в наше время, но в прошлом так и было — вам придется вернуться в прошлое всего лишь к 1375 г., чтобы получить 4 миллиарда предков. Но в 1375 г. на планете было всего 380 миллионов человек.

Где-то около 1450 г. на Земле было достаточно людей, чтобы каждый оказался вашим предком единожды — хотя, конечно, дело обстояло совсем по-другому. К 1375 г. каждый был больше, чем одним из ваших предков одновременно. И все они были больше, чем одним из моих предков, и предков вашего соседа...

Это ваш предок?

Так как предки могут быть общими, сеть родственных отношений крайне сложна. Это называется «редукция предков» и имеет место тогда, когда, например, у кузины Мэри и ее потомков меньше, чем восемь прабабушек и прадедушек. Редукция предков распространена в небольших общинах и в элитных группах, таких как королевская семья.

Йельский статистик Джозеф Чанг посчитал, что после определенного момента каждый, кто жил в это время и у кого были потомки, является общим предком для всех людей, живущих в том же сообществе сегодня. Этот момент для Европы — около 600 г. н. э., т. е. все европейцы-не-иммигранты происходят от императора Священной Римской империи Карла Великого (а также от множества других

людей). Статистические открытия с тех пор были подтверждены исчерпывающим анализом ДНК европейцев.

Если углубляться в прошлое, 3400 лет назад, каждый, кто имел потомков, был общим предком каждого живущего человека на Земле (в теории). Вы являетесь родней древнеегипетской красавицы Нефертити.

СКОЛЬКО ВСЕГО?

Оценки того, сколько людей когда-либо жило на Земле, колеблются от 100 до 115 миллиардов. Часто упоминаемый любопытный факт, что больше половины людей, когда-либо живших на Земле, живут и сейчас, не является правдой. На самом деле, 6–7% из когда-либо живших живы сейчас.

Не хотите взять ссуду?

Числам не обязательно удваиваться, чтобы очень быстро расти.

Пропорциональный рост знаком большинству из нас через процентную ставку. Она работает на вас, если вы откладываете сбережения, но работает против вас, если вы занимаете деньги.

Банки и финансовые организации используют систему сложных процентов. Это означает, что процент по долгу или сбережениям добавляется к первоначальной сумме в конце периода (день, месяц, год), и затем процентная ставка применяется к новой сумме. Предположим, вы положили на депозит $1000 под 3% годовых. Как быстро они вырастут?

	Начальный баланс	Проценты	Конечный баланс
Год 1	$1000,00	$30,00	$1030,00
Год 2	$1030,00	$30,90	$1060,90
Год 3	$1060,90	$31,83	$1092,73
Год 4	$1092,73	$32,78	$1125,51
Год 5	$1125,51	$33,77	$1159,27
Год 6	$1159,27	$34,78	$1194,05
Год 7	$1194,05	$35,82	$1229,87
Год 8	$1229,87	$36,90	$1266,77
Год 9	$1266,77	$38,00	$1304,77
Год 10	$1304,77	$39,14	$1343,92
...			
Год 25			$2093,78

Причина, по которой сложный процент имеет такое большое значение для тех, кто кладет (и тех, кто берет), в том, что эта перемена создает огромную разницу применительно к этим цифрам:

Капитал	Процент	10 лет	25 лет
$1000	1%	$1104,62	$1282,43
$1000	3%	$1343,92	$2093,78
$1000	5%	$1628,89	$3386,35
$1000	8%	$2158,92	$6848,48
$1000	10%	$2593,74	$10 834,71

Год в начале не стоит столько же, сколько год в конце. При ставке в 10% первые десять лет принесут доход в $1593,74, но следующие 15 лет принесут не в 1,5 раза больше — они принесут доход в $8240,97, или примерно в 5 раз больше. Именно поэтому политики и бухгалтера агитируют нас начать делать вклады в пенсионный фонд пораньше.

Отчисления на старость

Если вы положите $1000 в пенсионный фонд в 20 лет и затем уйдете на пенсию 45 лет спустя, не положив ничего больше и заработав 3% годовых за этот период, у вас будет $3781,60, когда вы выйдете на пенсию. Но если вы клали по $1000 ежегодно в течение 45 лет, с той же процентной ставкой в 3%, у вас будет $95 501,46, когда выйдете на пенсию. Если вы выберете 10% годовых, у вас будет $790 795,32 к пенсии, что выглядит довольно прилично — особенно при инвестициях в $45 000.

День за днем

Хорошо, если у вас есть деньги, чтобы отложить про запас, но что, если вы находитесь на другом конце экономического диапазона? Если вам пришлось взять краткосрочный потребительский кредит или обратиться к ростовщику, это может закончиться выплатой астрономической суммы по процентам, потому что на этот раз арифметика работает против вас.

Например, если вы берете заем в £400 на 30 дней в день выплаты при ставке в 0,78% в день, вам придется отдать £487,36: это первоначальные £400 плюс £87,36 про процентам. Причиной, по которой сумма столь велика, является сложный процент — привлекательные на вид 0,78%. Они приписываются каждый день, следовательно, каждый день сумма, с которой они считаются, растет. Действительная ставка процента за весь год — 284%.

Что, если вы займете £50 у друга на неделю и пообещаете купить ему кофе? Это хорошая сделка? Она позволяет избежать потребительского кредита. Но если кофе стоит £2, это эквивалент 4% в неделю — или 208% в год. Если вы возьмете £50 в банке под 10% (в год, не в неделю или в день) — это будет стоить всего 10 пенсов за проценты.

ОСТОРОЖНО, ЛОШАДИ

> **«Через 50 лет все улицы Лондона будут погребены под девятью футами навоза».**
>
> «Таймс» (1894)

В 1890-е гг. все крупнейшие города Европы и Америки боролись со все растущим количеством лошадиного навоза и мочи. В Лондоне было 50 000 лошадей, выполняющих работу в сфере общественного транспорта, и еще больше было задействовано в коммерческом транспорте. В Нью-Йорке было 100 000 лошадей. И их число продолжало расти год от года.

Лошадь производит около 7–15 кг навоза в день и около литра мочи. В Нью-Йорке один коммерсант сказал, что к 1930 г. слой лошадиного навоза достигнет уровня окон третьего этажа в Манхеттене. Ужасная ситуация обсуждалась в 1898 г. на первой в мире международной конференции по городскому планированию. Делегаты обсуждали проблему 3 дня, а потом возвращались к ней и всю десятидневную конференцию, так как решение так и не смогли найти. Но к 1917 г. проблема исчезла вместе с последним трамваем на лошадиной тяге в Нью-Йорке. Цифры не всегда берут верх.

Глава 26

Сколько вы выпили?

Один из важнейших математических инструментов был разработан немцем, обеспокоенным тем, сколько он выпил.

В 1613 г. немецкий астроном и математик Иоганн Кеплер собирался жениться во второй раз. Он заказал бочонок вина для праздника. Будучи практичным человеком — и к тому же математиком — он подверг сомнению метод, который использовал торговец вином для измерения объема винной бочки, соответственно которому устанавливалась цена.

Выкатывай бочку!

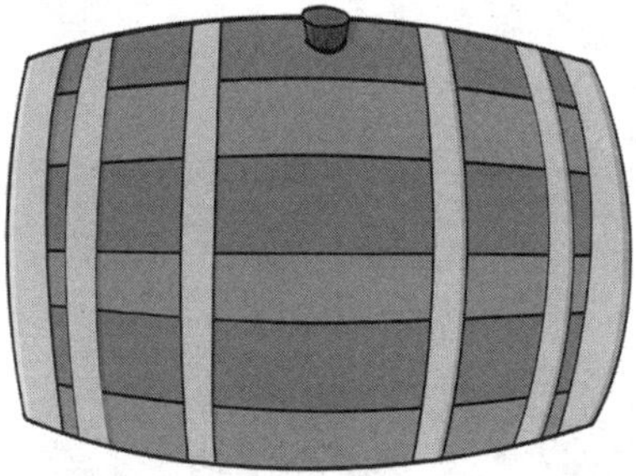

Торговец опускал шест в дыру в винной бочке, положив ее на бок, и измерял длину шеста, который помещался внутри. Так он получал диаметр бочки, но в самой широкой ее части. Объем, вычислявшийся от площади поперечного сечения бочки, умноженный на ее высоту, оказывался переоцененным, так как бочка сужается к краям. Не желая быть обманутым, заплатив за вино, которого нет, Кеплер приступил к поиску лучшего способа измерения объема бочки.

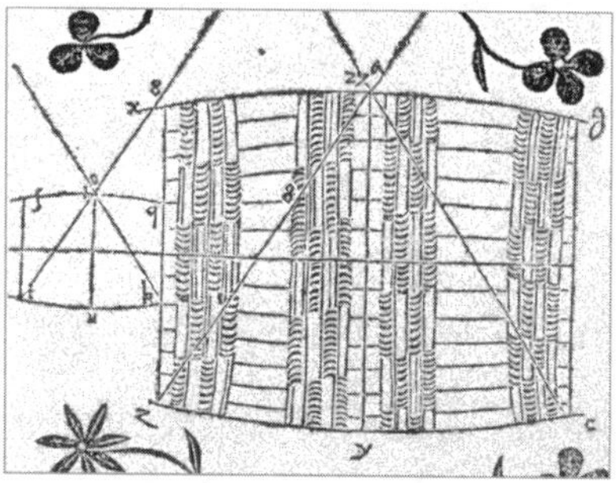

АЛКОГОЛЬ И МАТЕМАТИКА

У астрономов-математиков были непростые отношения с алкоголем. У Тихо Браге был домашний любимец, лось, который упал с лестницы и умер, после того как перебрал пива на торжестве.

Бесконечно малые слои

Метод, к которому он пришел, называется методом «неделимых». Он представил бочку разделенной на очень тонкие слои, взгроможденные один на другой. Каждый слой — цилиндр, но с очень малой высотой. Цилиндрические слои имеют различные площади поперечного сечения, причем те, что в середине бочки, — больше, чем те, что по краям. Конечно, каждый цилиндр по-прежнему имеет скос, и круглая поверхность на одной стороне чуть больше, чем противоположная. Но делая слои очень тонкими, мы сводим разницу между ними к очень малой величине — бесконечно малой, если они достаточно тонкие, и, следовательно, ею можно пренебречь.

ЯЗЫК МАТЕМАТИКИ

«Функция» — это операция, где берутся вводные значения в виде цифр и производятся новые, соответствующие им значения (результат). Функция обозначается как f() с инструкциями по операции в скобках. Так, функция $f(x^2)$ означает: «возьмите число x и возведите его в квадрат», а функция f(2x) означает: «умножьте число x на 2».

Крутые склоны?

Вскоре метод Кеплера был замещен дифференциальным исчислением, параллельно созданным Исааком Ньютоном и Готфридом Лейбницем в XVII в.

Ньютона и Лейбница (независимо друг от друга) не так интересовало вино, как угол наклона или кривизна. Они начали с «метода неделимых»: очевидно, что кривизна функции постоянно меняется, и вы можете посчитать кривизну любого крошечного отрезка, показав его угол наклона. На рисунке на стр. 292 видно, что чем короче мы берем отрезок ab, тем точнее совпадение его наклона с наклоном кривой в точке а.

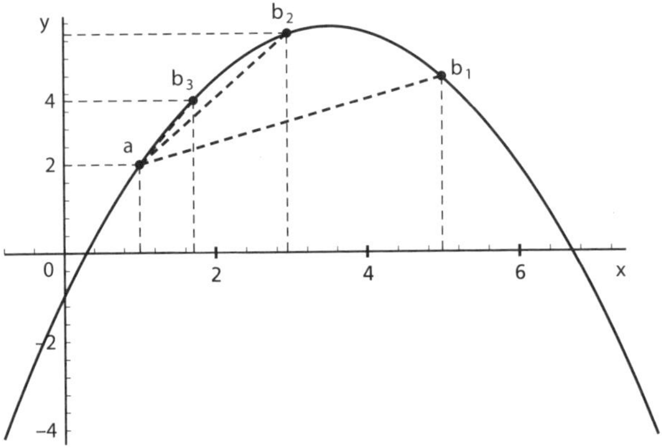

Давайте возьмем простую функцию f(2x). Ее графическое представление — прямая линия.

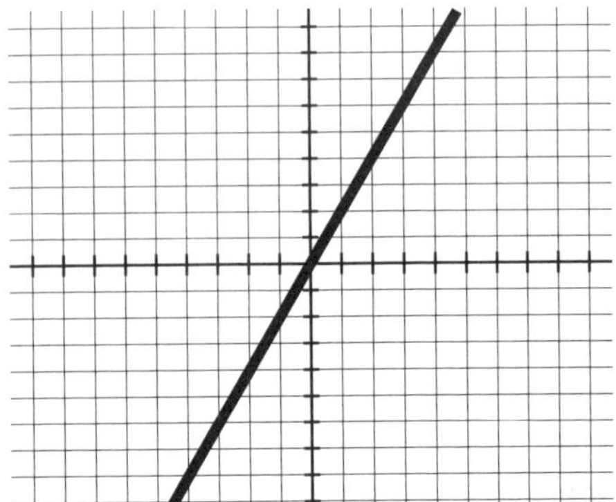

Наклон сохраняется на всем протяжении линии. Фактически, ее наклон равен 2 в 1, или 2, так как значение по оси y (вертикальной) увеличивается на 2 для каждого повышения на 1 единицу по оси x (горизонтальной), это кривая y = 2x.

Если мы изменим функцию, добавив константу, это не изменит угол наклона: график для функции f(2x+3) будет тем же, линия просто сместится относительно осей, так как теперь $y = 2x + 3$, т. е. она в каждой точке расположена выше по оси y (на 3 единицы).

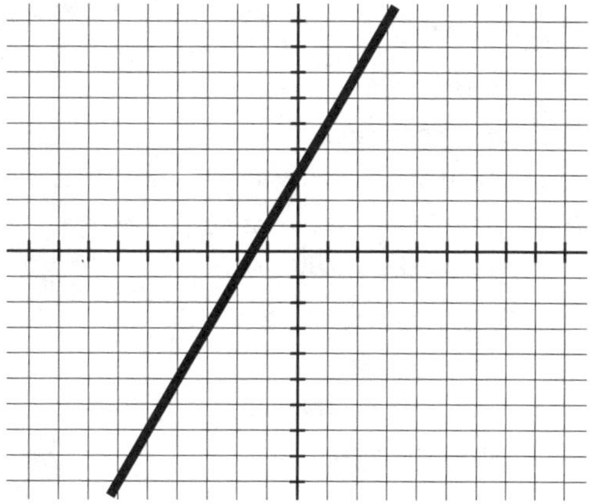

Очевидно, что при вычислении наклона константу можно игнорировать.

Если мы теперь нарисуем график функции $f(x^2)$, это будет парабола. У нее меняется угол наклона. Так как это происходит в любой точке графика, угол наклона равен 2x, как выяснили Ньютон и Лейбниц.

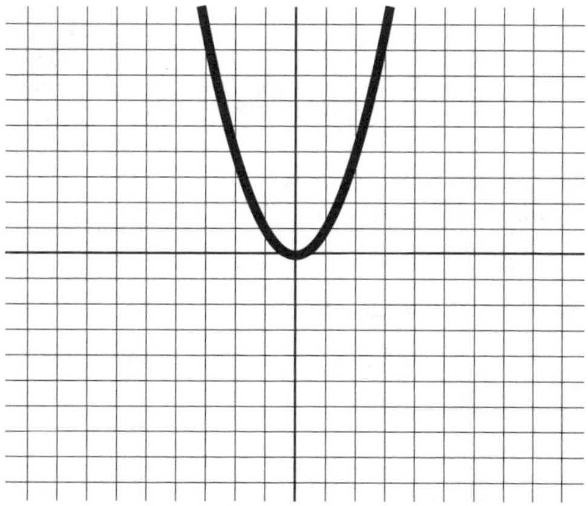

Крутые склоны

Ньютон и Лейбниц открыли, что для вычисления угла наклона графика f(x) нам понадобится:

(а) умножить каждый x на его собственный показатель степени, и

(б) уменьшить первоначальную степень на 1 в каждом случае.

Проще понять на примере. В функции

$$\mathbf{x^3 - x^2 + 4x - 9}$$

показатель степени x^3 — тройка, а показатель степени x^2 — двойка.

x^3 станет $3x^2$ (так как мы умножаем на три и уменьшаем степень на 1, а 3–1 = 2),

x^2 станет $2x$ (потому что мы умножаем на 2 и меняем степень на 2–1 = 1),

4x станет 4 (так как мы умножаем на 1 и меняем степень на 1–1 = 0, следовательно, x имеет значение «1» во всех случаях).

1 исчезает: константы (числа сами по себе, без «x») всегда исчезают, так как у них нет переменной.

В общем виде это можно представить, как xn становится nx^{n-1}.

После всех преобразований $x^3 - x^2 + 4x - 9$ превращается в:

$$3x^2 - 2x + 4$$

Это значимый результат.

Если мы захотим узнать наклон в точке, где x = 3, мы сможем его выяснить, заменив x на 3 в продифференцированной функции:

$$f(x^2)$$

$f'(x^2)$ равна 2x

Для x = 3, наклон равен $2 \times 3 = 6$

ЯЗЫК МАТЕМАТИКИ

Ньютон называл его «методом флюксий», мы называем — дифференцированием. Результат дифференцирования называется «производная». Функция от x записывается как f(x), а производная записывается как f′(x).

Единичная точка на самом деле не может иметь наклона. Наклон вычисляется для касательной, проведенной к кривой в этой точке:

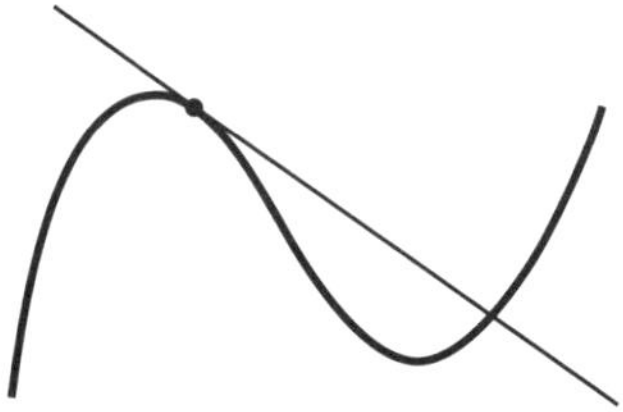

Тот же метод применяется даже со сложными функциями.

$f(x^3 - x^2 + 4x - 9)$

$f'(x^3 - x^2 + 4x - 9)$ это $3x^2 - 2x + 4$

В точке $x = 2$ угол наклона $(3 \times 2^2) - (2 \times 2) + 4 = 12$

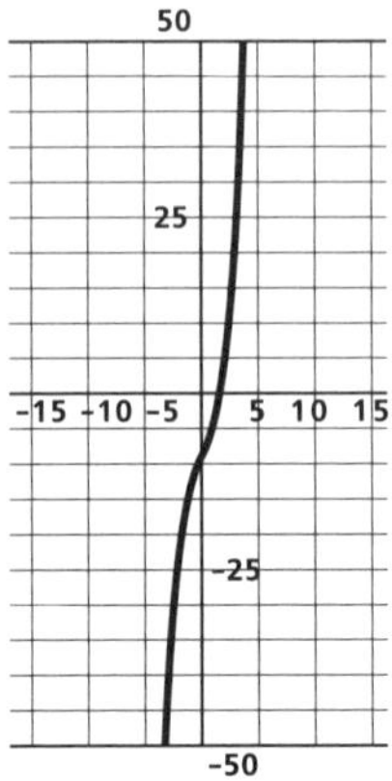

Знание угла наклона кривой может дать полезную информацию. Например, на графике зависимости расстояния от времени для перемещающегося объекта угол наклона показывает скорость движения объекта. Любая функция, которая может быть выражена как отношение или деление, может быть связана с наклоном кривой. Если мы рисуем график зависимости цены от времени, наклон покажет на уровень подъема или падения цен (инфляция).

«[Исчисление] — это язык Бога».

Американский физик Ричард Фейнман (1918–1988)

Все под кривой

В то время как дифференцирование дает способ измерить угол наклона кривой, интегрирование предоставляет способ вычисления площади под кривой. На этот раз представьте площадь под линией, разделенной на мириады крошечных колонок. Складывая площади всех прямоугольников, мы можем приблизительно выяснить всю площадь.

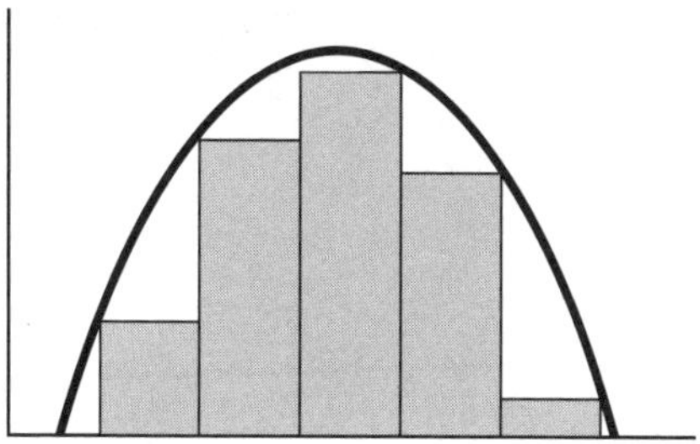

Чем у́же прямоугольники, тем точнее оценка площади:

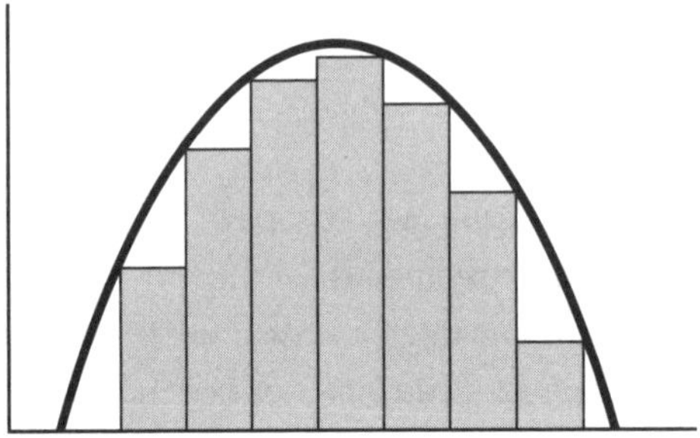

Если бы мы могли сделать слои бесконечно тонкими, мы бы выяснили точную площадь. Именно в этом состоит цель интегрирования.

На самом деле интегрирование — это противоположность дифференцирования. Если мы возьмем результат дифференцирования и интегрируем его, мы получим первоначальную функцию (с одним небольшим отличием).

Так дифференцирование

$$\mathbf{x^3 - x^2 + 4x - 9}$$

дает

$$\mathbf{3x^2 - 2x + 4,}$$

а интегрирование

$$3x^2 - 2x + 4$$

дает

$$x^3 - x^2 + 4x + c$$

где c — неизвестная константа. Бедная –9 пала жертвой процесса. Мы не можем сказать, какой была константа в первоначальной функции, если она была дифференцирована.

Интегрирование — это просто ликвидация дифференцирования. Вы можете думать о нем как об анти-дифференцировании. Дифференцирование x^n дает nx^{n-1}, следовательно, интегрирование nx^{n-1} дает x^n.

Если мы хотим интегрировать x^n, мы переворачиваем процесс дифференцирования: нам придется разделить на степень и увеличить степень на 1:

$1/n\ x^{n+1}$ (так как мы аннулируем nx^{n-1})

Это означает, что интеграл x равен $1/2x^2$, а интеграл x^2 равен $1/3x^3$. Интегрирование записывается как удлиненное «s» и называется «сигма»:

$$\int$$

Выражение «найти интеграл $3x^2 - 2x + 4$» записывается вот так:

$$\int 3x^2 - 2x + 4\ dx$$

«dx» в конце показывает, что мы работаем с «x». Если в функции использована буква t вместо x, она будет заканчиваться «dt».

$$\int 3t^2 - 2t + 4\, dt$$

Интегрируем

$$\int 3x^2 - 2x + 4\, dx$$

и получаем

$$x^3 - x^2 + 4x + c$$

(Не забудьте константу!)

Многие графики уходят в бесконечность, следовательно, площадь под ними бесконечна. Мы не можем посчитать площадь снизу, если только не установим, какой кусок графика нас интересует. Чтобы это сделать, мы отсекаем его в двух точках с разным значением x (или другой переменной, которую используем).

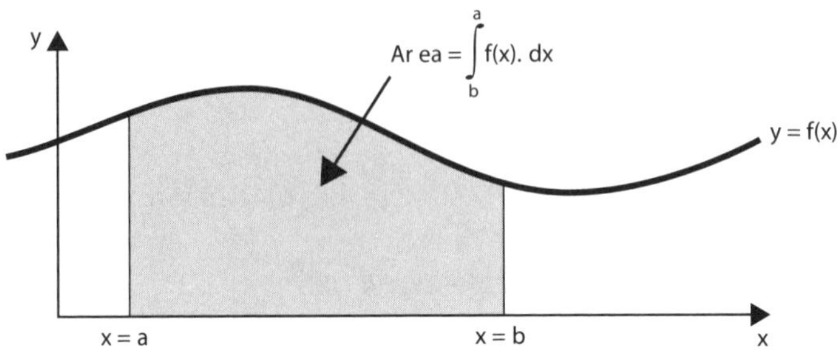

Чтобы показать, какой кусок мы используем, мы ставим верхний и нижний пределы (это точки отсечения) вверху и внизу символа интеграла:

$$\int_{2}^{5} 2\,x\,dx$$

означает «найти площадь для кривой между x = 2 и x = 5».

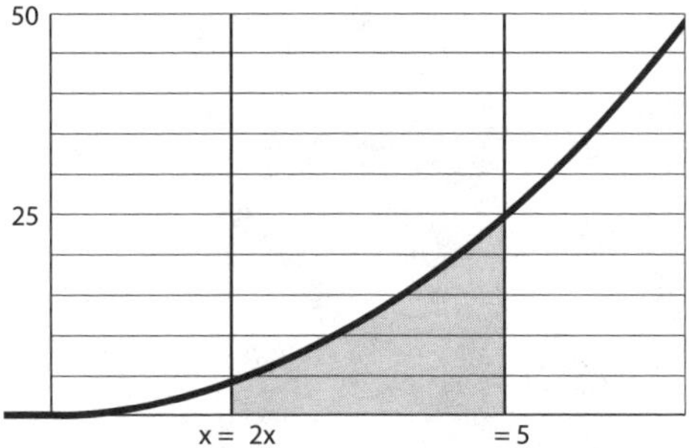

Чтобы вычислить ее, мы берем результат (который называется «интегрируемая функция»):

$$\int 2x\,dx = x^2 + c$$

и вычисляем ее значение вначале для x = 5, затем для x = 2, затем вычитаем одно из другого («c» сократится):

для $x = 5$, $x^2 + c = 25 + c$

для $x = 2$, $x^2 + c = 4 + c$

Так, площадь под этим отрезком графика равна

$(25+c) - (4+c) = 21$

Выход из затруднительного положения

Помните парадокс Ахиллеса и черепахи? Трудность появилась из-за деления времени и расстояния на очень малые — бесконечно малые — участки. Но это именно то, с чем имеют дело дифференциальное и интегральное счисления. Решение задачи этого несоответствия реального мира, в котором площади, линии, объемы и время неразрывны, а не являются набором дискретных бесконечно малых, было найдено в XIX в. В 1821 г. французский математик Огюстен Луи Коши (на соседней стр.) переработал метод исчисления так, что он стал просто теоретическим. Вместо того чтобы бороться с тем, как преодолеть невидимый пробел между бесконечно малыми, он заявил, что в этом нет необходимости: математика — это закон, и она не должна подражать или соответствовать реальности.

Возможно, будет честнее сказать, что реальность не должна подражать математике, раз реальность, которую мы знаем, — это реальность целостностей, и если математике не удается построить удовлетворительную модель, это проблема математики, а не реальности.

Наконец спустя 2300 лет Ахиллесу позволили обогнать черепаху.

Энн Руни

МАТЕМАТИКА ЗА 15 МИНУТ

Редактор *А. А. Братишко*
Корректор *Е. А. Клепова*
Компьютерная верстка *В. В. Забковой*

ООО «Кучково поле»
Москва, 119071, ул. Орджоникидзе, 10, оф. 420
Тел.: (495) 256 04 56, e-mail: info@kpole.ru
www.kpole.ru

Подписано в печать 16.08.16.
Формат 152 x 152 мм. Тираж 2000 экз. Заказ 6130.

ISBN 978-5-9950-0728-9

ИЛЛЮСТРАЦИИ ПРЕДОСТАВЛЕНЫ

Corbis: 105, 107, 156 (bottom right)
123RF: 19 (tomaccojc), 20 (yupiramos), 21 (Rafael Torres Castaño), 22 (Ekaterina Arkhangelskaia), 24 (Yurii Andreichyn), 25 (fixer00), 26 (Igor Serazetdinov), 30 (alexcoolok), 32 (okeen), 46 (Khoon Lay Gan), 48, bottom (Brett Giza), 51 (vermicule), 57 (Sarawut Padungkwan), 77 (Lyudmila Korkina), 82 (robodread), 87 (blueringmedia), 99 (Cezar Zamfira), 106, left (Serhii Kucher), 110 (Adrienn Orbánhegyi), 112 (Daryl Knight), 115 (Artisticco LLC), 116 (Kristaps Eberlins), 144 (ewastudio), 147 (Cienpies Design), 167 (bicubic), 173 (Viacheslav Irtyshchev), 174 (blueringmedia), 179 (robodread), 181 (designua), 183 (Lorelyn Medina), 195 (Teguh Mujiono), 202 (Patrick Guenette), 203 (Teguh Mujiono), 205 (Brett Giza), 209 (pitris), 213 (Luca Oleastri), 214 (Christophe Testi), 217 (makingfaces), 219 (budabar), 220 (dedmazay), 225 (tomaccojc), 227 (Husni Bramantyo), 230 (jehsomwang), 237 (tomaccojc), 249 (amin11mario), 252 (Wittaya Jitchatree), 254 (Diana Johanna Velasquez), 255 (deepfuze), 256 (ginasanders), 257 (Diana Kelichhaus), 281 (Scott Betts), 285 (Evgen Skripka), 286 (neyro2008), 290 (Leysan Shayakbirova), 295 (pcanzo)
Shutterstock: 5 (Maciek Baran), 7 (Leszek Glasner), 9 (Vilmos Varga), 16 (Yummyphotos), 17 (sumkinn), 18 (Everett Historical), 28 (Shaiith), 29 (Pim), 31 (Big think), 35 (Anthonycz), 36 (elwynn), 38 (Dragana Gerasimoski), 39 (lumen-digital), 41 (Incredible_movements), 42 (Dundanim), 48, top (littlesam), 49 (creativex), 50 (Victeah), 52 (Kozoriz Yuriy), 68 (Marzolino), 70 (pavila), 74 (Everett Historical), 78 (Tatiana_Kost), 79 (Asmus Koefoed), 85 (GoneWithTheWind), 86 (bikeriderlondon), 91 (megainarmy), 94 (iQoncept), 98 (Jason Winter), 101 (Vadim Sadovski), 106, right (Robin HÃ¶nig), 108 (Sergey Nivens), 113 (Digital Storm), 118 (Zsschreiner), 120 (marekuliasz), 121 (Paul Wishart), 123 (btwcapture), 124 (polygraphus), 131 (David Varga), 134 (Prospective56), 146 (Curly Pat), 155 (KsanasK), 155 (Actor), 155 (Toponium), 158 (cynoclub), 159 (ZouZou), 168 (daniaphoto), 169 (LittleStocker), 170 (freesoulproduction), 178 (Yulia Glam), 182 (TonTonic), 184 (telesniuk), 185 (James Clarke), 187 (Mr. Green), 191 (Milos Bekic), 192 (Apatsara), 193 (KUCO), 201 (Adam Gregor), 204 (Anatolii Vasilev), 210 (Igor Zh.), 211 (Natykach Nataliia), 215 (VOOK), 216 (Ray49), 224 (m00osfoto), 226 (Nata789), 229 (Frank Fiedler), 232 (James Steidl), 234 (Everett Historical), 239 (joingate), 241 (Elzbieta Sekowska), 245 (Nixx Photography), 247 (Andrey Makurin), 248 (Dmitry Kalinovsky), 251 (VILevi), 258 (gleolite), 259 (Krizek Vaclav), 263 (StudioSmart), 266 (Kuda), 268 (Ajayptp), 269 (Andrey Stratilatov), 274 (Sergio Bertino), 276 (Dragana Gerasimoski), 277 (Rost9), 282 (Forden), 288 (sbko), 289 (Fejas), 290 (iryna1), 303 (alfaori)
Diagrams by David Woodroffe and Ray Rich: 12, 15, 33, 54, 55, 60, 72, 74, 80, 102–3, 126, 128, 132, 135, 136, 137, 138, 139, 140, 142, 143, 145, 148, 149, 150, 151, 152, 154, 155, 156, 160, 161, 162, 165, 166, 176, 199, 200, 208, 260, 264, 265, 267, 268, 292, 293, 296, 297, 298, 300, 301
Additional diagrams and tables by Michael Reynolds: 32, 40, 53, 56, 57, 75, 88-9, 95, 97, 160, 162, 164, 172, 189, 198, 233, 234, 235, 249, 250, 272, 283, 284